不快樂，也沒關係

一位心理醫師的真心告白，
為什麼停止追求快樂，對我們反而比較好？

by
Victoria Bindrum
維多麗亞．賓德倫　不言／譯

Das geflügelte Nilpferd

各界推薦

這正是我在生活中最重要的練習：全然擁抱生命當下的每一件事情，而不去追求某個快樂的藍圖，因為它很可能根本不成立！事實是，讓我們感到快樂的事物不斷在改變；快樂的感覺甚至是相對的：沒有暑氣，就感受不到清涼；沒有忙碌，就感受不到閒暇；沒有孤單，就感受不到人情溫暖……作者大膽建言，快樂的祕訣在於不要追求快樂。當我們輕盈看待每一個發生，每一個當下就是快樂本身。

——Rita／奧美集團策略總監、催眠師

出版社向我推薦這本書的時候，我正在沖繩度假。其中一天，我坐在沖繩的海邊，一整個下午無所事事，那一刻，我感到快樂。從沖繩離開之後，我依然要面對忙碌的工作、不確定的未來，但這不妨礙我快樂。我想這就是本書作者要告訴我們的，真實的快樂不是要填補人生的缺憾。人生多苦難，我們不必要滿足什麼條件，才「換到」快樂，跟著作者的引導、練習，不以達到快樂為目標，才能獲得真正的快樂。

——李介文／臨床心理師

我同意作者建議的，給生命方向以取代目標比較好。因為我們習慣給自己訂目標，追求某個具體的事物，以為這樣可以帶來幸福快樂，但事實上剛好相反，如同印度經典《奧義書》所講的：「任何需要理由的快樂，只是悲慘的另一種形式。」但是人生需要有方向，也就是心中有個憧憬，有個想到眼睛就發光的夢想，一種向上的指引。當我們不再追求快樂，真正的喜悅與幸福才會與我們同在。

——李偉文／作家、牙醫師、荒野保護協會榮譽理事長

當快樂成為一種人生要追求的目標時，也會成為一種龐大的精神負擔。因為沒有人能百分百快樂，所以任何小小的遺憾，都會讓自己陷入不快樂的情緒中。大家對快樂的想像充滿迷思，最後反倒成了失望的來源。本書風趣幽默，讀來拍案叫絕，茅塞頓開，原來停止追求「快樂」，才能完全釋放人生的壓力，回到讓人「自在」的境界。

——施昇輝／暢銷理財作家

快樂常要用痛苦來堆疊，大腦的設計，常讓追求快樂的旅程，苦多於樂。所以快樂常只有一下下，但痛苦卻維持很久。對快樂的期待越是高遠，就越是讓現狀陷入苦痛。快樂與痛苦本是一體，卻被強拆為二元。我們可以試著接納，對經過內心的現象不去抓取、停止批判、任其流動，便有了更多的自由，包含行動的自由，而自由帶來平靜與喜悅。

——洪仲清／臨床心理師

英國議會每年都會邀請各中小學的代表，到下議院發表他們所重視的政治議題。照例，下議院院長都會先鼓勵他們，告訴他們不要緊張，我印象中特別深刻的是這句話：「雄辯的布萊爾首相在回憶中提到，每當來到下議院接受質詢都緊張至極……最重要的是，不要對自己的焦慮感到焦慮。」

焦慮是我們的天性，緊張時讓人腎上腺素飆發、更有創意；更可以說，緊張是一種恩賜。

同樣的，容易不快樂、感到悲觀是我們的天性，我們無須為此不安，在這樣的天性下催眠自己「你該快樂」更是無稽。唯有接受「人生本來不快樂」，我們才能真正得到自由，不被長著翅膀的河馬給奴役。

——熊仁謙／快樂大學創辦人

目錄

第二部．如何重新發現生命

引言／

快樂須知二三事

我們無法改變風向，但是可以調整風帆。——亞里斯多德

捫心自問：從一到十分，你此刻有多快樂？十分是絕對的幸福極致，陣陣湧上的腦內啡，覺得有如手握樂透的正確數字；一分是可悲的極小數，那麼不快樂，有如被迫和佛地魔結婚。升到四分還是覺得不太快樂，五分既不快樂也不那麼不幸，六到九分代表介於基本上快樂和非常快樂。那麼，你的快樂指數是多少？

統計學來看，你很可能選了七。這個快樂量表在心理學研究已經被提出N次，不管國籍和性別，幾乎一直得出這個平均值。乍看似乎挺說得過去，但是「快樂指數七」背後有個悲哀的真相：我們永遠不像基本上認定的那麼快樂，我們永遠少了什麼，所以不會絕對快樂。我們想要更多，更多愛、成功、健康、放鬆、愉悅，而且最好看起來就像珍妮佛·勞倫斯或是艾利亞斯·穆巴瑞克。

其實不需要心理研究，你只要去一趟書店或是上網，就會看到大量勵志書籍，協助我們終於真正感到快樂，達到神妙的快樂指數十。我們可以照著書做出瑜伽動作，學習專注冥想，或是改善「工作－生活」平衡。還有暢銷的教練書、心理治療甚至藥理書，好協助我們大步邁向快樂之路。我們應該把擋路的石頭建造成漂亮的東西，把痛苦轉化成暢快，隨時活在當下。每次看到這些不停打在我們頭上的訴求，總結一下看起來就是：你會變得不像你自己！感覺不像你自己所感覺，而是更好！

先決條件是我們真的這麼能控制自己的想法和感覺，那麼會發生什麼事？我們幸福微笑地斜倚坐著享受存在？當然不會，因為我們現今的口號是：更專注、更放鬆、更快樂。不管我們在自我實現和自我精進方面有何進步，永遠都不夠。我們以為只要建立家庭，或是獲得較高的薪水，就會覺得一切如我向來所願！但我現在要告訴你：你永遠不會覺得一切正如你所願，至少不是長期。

你一生的感覺都會像你現在一樣時好時壞！有時眼花繚亂，有時可怕，有時漠然和了無生趣，就像煮太久的酵母麵團。不管你在皮拉提斯課程想像自己吸進多少能量，你的感覺還是不斷變化。換個角度說，尋找快樂就像倉鼠踩輪子一樣，越努力就越是把精力和時間浪費在永遠不會達到的目標上面，因為這個目標根本不存在。但是為什麼不存在？

快樂是種想像

你體驗過達到目標的那種滿足感嗎？也許你長時間以來都在尋找最佳伴侶，終於在十次盲目約會之後，某個人坐在對面，看起來就像專為你所訂製。你覺得太棒了，幾次見面之後你陷入愛戀，不時想著那個人，讓你忘記所有日常煩惱。

但是這種感覺遲早會改變，也許你的夢幻伴侶告訴你，他很快就必須到國外一段時間；或是你發現他年過四十還跟媽媽住在一起；或是他向你坦白，他對你沒有像你對他的感覺。

我們才剛抓住一點點快樂，快樂就已經又從手中溜走，於是我們必須重新尋找。也許尋找新的伴侶，還是新的工作，或是立刻丟下一切，走上聖雅各朝聖之路。但是不論做什麼，我們對快樂的想像永遠不會貼合現實。但這不是你的問題，這種現象有個非常簡單的解釋：快樂只存在我們的想像裡，而我們的想像無遠弗屆！

就像你可以在腦海裡幻想一隻海馬唱卡拉ＯＫ，就是藉助自己的腦子想像快樂。但是你找不到這快樂，就像你找不到這隻奇特的海馬。

海馬這個例子聽起來太瘋狂？那麼試試這個：下次你在吃東西之前，先想像這東西嘗起來怎麼樣。假設你現在要吃馬鈴薯，就先試著把這種蔬菜的味道想得真實一點——馬鈴薯丸子嘗起來如何？有什麼樣的質地？溫度如何？它在你嘴裡，表面感覺起來如何？

然後再實際咬下去。現在你試著把真實的感覺和你的想像做比較，你會發現兩者之間有所差距。也許你想像的質地比較硬，真正的馬鈴薯有點粉粉的，可能也比想像的燙，而且在你的想像裡它比較甜一些。你可以煮幾百顆不同的馬鈴薯，我向你保證，你想像的馬鈴薯一定不在其中。

想像總是和現實不太一樣。我在寫這些句子的時候，一邊吃果醬麵包，想像它好吃得不得了，咬下第一口卻發現麵團裡有茴香！茴香和果醬根本不是好搭檔，我感到失望。

當然我們每個人咬下去的時候，總有時會覺得：就像我想的一樣！但是這個狀態能維持多久呢？你的經驗不斷改變，一如你的想像。幾十年前我對快樂的想像是去聽凱莉家族的演唱會，或是擁有幾雙六公分鞋跟的布法羅鞋，但這些快樂想像目前已經有相當大的變化。

你的情況又如何呢？你的快樂想像還像二十年、三十年前那樣嗎？你可以確定地說，甚至一年之內都還具備如眼下的意義嗎？今天或許因為獲得購屋貸款而快樂，明天也許就感冒，於是你只要還能透過鼻子呼吸就感到快樂。

我和幾個年輕人一起工作，他們曾入獄一段時間。其中有個人不久前告訴我，他被允許在冬天剷除矯正所外的雪，看到街道和行駛在上面的汽車，引發他一陣無比的快樂感受。你會把車輛來往的街道和這般正面感受聯想在一起嗎？

快樂似乎總是不一樣，但是怎麼可能會有隨時變動的東西？這可不行。但我們一生似乎都在尋找這個根本不可能發現的東西。令人沮喪，對吧？如果你確實知道鑰匙不在公寓裡，你會在公寓裡找多久？

也許你會問，那為什麼所有的人都在說快樂？有「專家」想指引你通往快樂，臉書上所有的人都一副永遠快樂的樣子。請容我說明：快樂就像一隻龍。你可以鉅細靡遺地描繪牠，活靈活現，猜測真正的龍要去哪裡找。你甚至可以用電腦軟體畫出龍的圖像，或是讚嘆《冰與火之歌》畫面上那一隻龍，但是龍永遠不存在。相信神話生物也許美好，想像快樂有時令人滿足，但是如果要你穿上登山鞋，到森林裡去獵龍呢？這就有點誇張了，不是嗎？即使如此，我們的確這麼做，而且每個人都這麼做。不是只有少數幾個瘋子追尋快樂，我們都在同一條船上，這世界上有名符其實的快樂產業、快樂餅乾、快樂巫師、快樂書籍、快樂節食餐、快樂迷幻藥、快樂冥想、快樂研究，最近我甚至發現一處叢林叫做「快樂的感覺」！

我們經常表現快樂，雖然我們其實不安、憂愁或憤怒。我們努力維持快樂幻象，糟糕的是我們很成功。我們真的相信永遠的極樂，但同時也從經驗得知，生活永遠都有高低起伏，我們根本不能阻止這些發生。

對快樂想像的信念一直和生命的自然秩序發生矛盾，這是使我們持續感到不滿的不等式，這是不快樂時讓我們更不快樂的原因。我們認為這是個錯誤，而且可以避免產生這種感覺，把這種感覺藏起來，再度試著盡可能快速「走上正確的道路」。

如果你忙著追尋快樂已經有段時間，也許你並不是這樣，你對快樂的定義也包含負面意義。你知道不可能只有陽光普照，不快樂也是快樂的一部分，凡此總總。哲學家威廉．史密特稱之為「圓滿的快樂」，在他的著作《快樂》當中寫著：「較大的快樂，圓滿的快樂，一向包含另一面，亦即讓人不舒服、痛苦和負面的情緒，我們必須處理的情緒。」

聽起來好對唷！但是讀這一行字的時候，會逮到自己雖然嘗試接受生命的兩極，卻依舊多少想因此達到持續的快樂狀態——謹慎地用同理心擁抱我的負面消極，它們就轉變成喜悅！接受我的弱點，就覺得自己變強！認知我的憤怒，深深地呼吸，憤怒就消失！

我們想著這些東西，雖然知道生命永遠會帶來快樂的反面。這件事好笑同時也悲哀之處在於：我們雖然知道，卻不會放棄尋找快樂／龍。我說得沒錯，對吧？現在，請你不要讓我變成世界上唯一覺得很難放開快樂想像的人，只因此時知道一切都在流動。放棄很難，多瘋狂。我們多常聽到應該放手，不要抱任何期望？現在我們知道了。每本雜誌，每一堂專注練習課，每一回和朋友說起問題，全都意味著我們應該盡可能不帶任何批判地看待這件事情，直接進入那個過程。但是沒有人向我們透露究竟要如何進行！

這正是本書的著力點。也許快樂不存在的第二個原因能讓我們更容易放棄尋找快樂。

快樂由差異來定義

請注意！現在要舉出一個非常令人沮喪的例子，但是有個很棒的結局：假設你失業、沒有伴侶、沒有孩子、沒有房子、沒有希望、債台高築而且病得快死了。但是有一天你碰到一個拿著魔棒的小仙子，你可以許任何願望。不必考慮太久，第一你一定會想要非常健康，再來想要可愛的妻子，或是有個很棒的丈夫陪在身邊，幾個可愛的孩子，有份讓你獲得樂趣的工作，並且賺很多錢，你想擺脫債務，最想住在無憂宮。

叮鈴！

好仙子立即揮動魔棒，一切都按照你的期望實現了。你幾乎喜不自勝，你的生命瞬間變成絕對夢幻，而你別無渴望地滿足。

這種絕對的快樂怎麼會發生在你身上？

又美又好，這就是仙子做的事。但是如果你之前的狀況不是如此可悲，仙子可能也做不了什麼。想想看：如果仙子沒讓你從疾病中康復，從貧困變富裕，還變出其他東西，你將永遠無法體驗這無邊的快樂。**感覺糟糕的經驗是感覺良好的條件。當你受苦，你只能從痛苦被解放出來。快樂需要不快樂。如果我們努力追求永恆快樂，我們就必須接受我們總是缺少什麼。**

但是假設我們真的缺少什麼，而我們在地球上的任務是找到它，使生活快樂。最後我們無日無夜不在尋找，例如我們可能以為必須移民到泰國，開家沙灘酒吧，然後就會快樂。我們因此存錢，飛到那裡，買下一家海灘酒吧，在那裡工作。我們產生快樂的感覺，因為我們可以從「不在泰國、沒有海灘、沒有陽光、沒有酒吧」變成「泰國、海灘、陽光、酒吧」。就像前面的仙子範例，我們藉著相反狀態達到快樂。那現在會怎樣？按照想像我們應該永遠快樂。但令人著惱的是這樣的快樂不知怎地會用完。

即使一切維持那樣「完美」不變：泰國還是泰國，酒吧生意好極了，日進斗金，顧客都是好人，每天都陽光普照，海灘上的沙潔白閃亮，海洋碧藍——我們習慣這一切，進入無意識的學習模式，行為生物學稱之為「馴化」。我們的腦子對泰國、海灘、陽光、海洋和酒吧的刺激不再以相同模式反應——它們再也無法引發最初的同等愉悅。

如果你現在到漢堡住六個月，在灰暗的雨中穿越這個港都城市，然後再回到你的熱帶樂園，你就可以重新體驗這種高昂的情緒，不過首先必須經歷情緒低潮！

這種現象也可以從戀愛關係觀察到。我們有個細心的伴侶，隨著歲月早已習慣彼此。這個我們把他視為「理所當然」的伴侶如果和我們分開，譬如消失三個月，我們才會再度明白看重的是他哪一點，他會在我們內心引發很久沒察覺到的感覺。

快樂就是這麼產生的，永恆的快樂根本不存在，至少在生物學上無法產生永恆的快樂，可惜也無法改變。

如果快樂一直都是由不幸來定義，反過來也就表示，如果你自覺可悲，這並非顯示你有任何不對勁，只是人生的另一面。尋找快樂差不多就像你奮力擺脫身體的背面，不可能。因此我們唯一的機會是一起鼓起勇氣，永遠離開通往快樂的道路，重新發現我們的生命。

為何我們應該把快樂晾在一邊

感覺比較好根本沒有錯，完全正常，而且顯示個人察覺及負起自我照料責任到某種程度。如果在你生日那一天先後被五個人拒絕，或是搞砸了你的面試，你有權利拿著一大片巧克力，舒適地躺在沙發上，自我安慰或是做些有趣的事情，完全不同於尋求長期的快樂狀態。但是一旦涉及為了快樂而改善自我，我們卻經常讓自己糾結。

就像個媽媽，原本只想給孩子最好的，因此讓孩子去上很多早期發展課程，報名參加各種運動，一周帶孩子去好幾次劇院或博物館，還請了個英文家教。思考孩子的未來及發展當然很棒，但是數不清的目標和計畫卻縮減了孩子自由發揮的空間，孩子並沒有產生多方的興趣，反而承受過重的負擔。

我們追求快樂也發生同樣的情形，沒有改善生活，只有適得其反。尋求快樂花費許多力氣和時間，創造巨大壓力，也就是我們本來所想避免：心理及生理壓力。我們對快樂的想像變成失望的溫床，這不僅令人沮喪，還帶來危險。

我們越常經驗到失望，找不到快樂，就越打擊自我價值感。我們鑽牛角尖，為什麼別人易如反掌，只有我們怎麼做都不對。我們可能陷入這種負面想法，不然就繼續追尋，更努力，學習更多，再多加訓練，好擺脫無助感以及失控感，直到我們筋疲力竭為止。

過去幾年，憂鬱和過勞在我們的社會急劇增加也就沒什麼好奇怪的。根據德國聯邦健康署估計，目前全球大約三億五千萬人受憂鬱症所苦；根據世界衛生組織的推估，憂鬱情緒干擾將於二〇二〇年成為第二常見的民眾疾病。當然原因不只在於沒有得到滿足的快樂要素，但是隨著富裕程度提高，空虛、無力感、乏力及不滿隨之增加卻值得注意。一旦我們一無所有，就能在某處找到快樂，只是目前還沒到達那個地方，於是就能繼續保有這個幻想。但是如果擁有一切卻突然感到絕望，我們究竟該去何處尋找快樂？

另一方面，我們深信此時所產生的不愉快感覺應該是錯的，憂鬱症或是過勞症候群必須快速擺脫，但是越抗拒自己的感覺就越焦慮。

根據心理失調診斷及統計手冊（The Diagnostic and Statistical Manual of Mental Disorders，簡稱DSM），一旦壓抑情緒、無精打采、疲勞、集中力降低等持續達兩周，就可診斷為憂鬱症。兩個星期！個人和社會整體對人類所有經歷的容忍度真低。

我來說個親身經歷：最近我經過一家印度餐館，老闆在路邊一棵樹周圍種了很多漂亮的花，並在花床周圍用矮木片和鐵絲張起圍欄，而且在花圃前面豎了一塊牌子，上面寫著：「我們喜歡狗，但是不喜歡狗留下的東西。」

這塊牌子上的話讓我深思。餐館老闆如果不能接受狗維生的重要條件，怎麼能宣稱他喜歡狗？如何讓一隻狗不要消化和產生「廢棄物」還能維持生存？狗和狗屎密不可分啊。

我為什麼要向你說這個故事？因為我們人類生存包括不愉快的感覺和想法，你有，我有，就連達賴喇嘛都有，不可能以某種技巧擺脫、排除它們，冥想它們不存在，或是治好它們。即使如此，我們經常依照如此怪異的原則生活，就像那個餐廳老闆：我喜歡我的生活，唯獨不喜歡生活的陰暗面。這就是我們對快樂的幻想！沒有一種生活沒有陰暗面。

因此我們應該告別對快樂的想像，讓我們不再和真實生活分割。畢竟我們可能只有這種生命，應該完整地體驗。那麼我們是不是就沉浸在壞情緒裡，不必理會我們的幸福感受？如果不再尋找快樂，難道不會極度不快樂？

一個實驗

接納與承諾療法（Akzeptanz- und Commitmenttherapie，簡稱ＡＣＴ）裡有種新形式的行為療法，在澳洲及美國特別廣泛運用，這是種很簡單的練習，叫做「如思如心行動」（Hands as thoughts and feeling）。我喜歡以變化過的形式來加以運用，讓我們透過這種嘗試意識到，快樂的想像如何妨礙我們的生活。所需要的只是你的手，你甚至不需要站起來！

請想像在你生命中曾佔有一席之地、而且是你非常重視的人、東西、事件都出現在你面前。接著以想像力看著你所愛的人、你接觸過的人，你未來的夢想，美妙的記憶和計畫。此外還看到造成你困難的事物，必須處理的爭吵、煩惱、憂慮，你日常的任務。簡言之：你的一生正攤在你面前。

看著這個畫面，想像你的雙手是你對快樂的想像，象徵所有的想法與感覺，只要能做、能達成某件事情，就能讓你的生活變得比較好。只要有更多錢、另一個伴侶、有個孩子、解決一個問題或是看起來比較漂亮，你就會快樂起來！這個想法及其相連感受就是你的手。

現在請把雙手放在面前，放在眼睛前方，請再次想著眼前是造就你生命的一切。你對快樂的想像影響你注視生命到什麼程度？你還看得到是什麼豐富你的生命嗎？或是你必須掌控的困境？你還能仔細辨識你生命中那些可愛的人嗎？看出並且珍視他們的特質及所作所為嗎？你能親吻、擁抱他們嗎？

現在你慢慢地把手放下，很慢很慢，就像慢動作。只要你讓快樂的想像逐步遠離，你注意到你看得越來越清楚。你不必切下你的雙手，也不必刪除對快樂的想像，你只是獲得一點距離，讓它不再妨礙你。

多美好！你終於可以再度看清楚！這樣的清楚視野會豐富你的生命，減輕生命的負擔。你可以毫不受限地享受美好的一面，專注地處理困難情況。請你一定要做這個練習，做了會讓你的理解多更多。

這是你的決定

你當然可以選擇繼續相信極樂，繼續追尋它。承認我們可以放棄努力維持感覺良好，既讓我們鬆口氣，也讓我們感到迷惘，因為努力可能不會帶來期望的成果。

當我第一次對家人和熟人敘述這本書的主題，有幾個人表示非常懷疑，接著提出論點說明為何快樂存在，而我的看法錯誤。也許此刻你也覺得自己到目前為止的看法受到攻擊，但是這根本和對錯無關，究竟有沒有快樂，這個問題是哲學思辯，卻沒有人能提出確切證據，我也不能。但是你或許知道自己為什麼把這本書拿在手裡：你已經受夠了追求快樂，受夠了非要樂於嘗試新東西。你經驗到「快樂」是你目前為止無法達成的目標，理所當然要尋找替代方案，並且思考停止追求快樂。

在跨出這麼一大步之前，有所保留、猶豫和懷疑是完全正常的現象，心理學上稱之為抗拒，其根源在於我們的大腦事實上非常懶惰。

大多數人一生都把腦子訓練成「追求快樂」（或是腦子反過來訓練你），再次戒除這些想法、行為和感覺的願景，讓你的神經網絡不是那麼興奮。改變畢竟需要能量，你的身體不喜歡浪費能量，你的大腦還不知道，改變觀點長期下來能節省許多力氣，因為你不必再兜圈子。因此你的腦子抗拒新的思路，請你跟它好好說一說，就說：「等著瞧吧。」

也許你此時也覺得快樂不存在這個想法相當有趣，但是讓你有些不安，你想著：「如果我不再追求快樂，我要做什麼？」你覺得失去方向。這種情況下，知道你根本沒有離開通往快樂的道路，只是離開錯誤的途徑應該有所助益。並非你突然認為快不快樂根本無所謂，而我正建議你接受可悲的現實。而是你從不曾朝快樂的目標前進，當你認識到這一點，你就可以不受限於期待，完全自由地發現周圍的世界。

在前面五章，我們會仔細觀察通往快樂的五條主要岐路，你可以確認自己是否正走在其中一條（或好幾條）岐路上。

接著要討論的重要問題：我如何接受身體的另一面？當然這只是轉義的說法。如果你不再循著通往快樂的岐路，意謂著你看清你是個人，有彆扭的想法和感覺，並且思考：我們如何有效面對這些經歷，使我們不會被這些經歷擊倒？

在內心發現這些有用的力量之後，我們接下來會討論替代方案，說明如何將生命規劃得豐富而且圓滿，不管是否達到某個快樂目標。

因為這一切沒那麼簡單，我們將更仔細處理快樂任務可能遭逢的阻力，以及為何人不願意放開對快樂的想像。最後我要告訴你，擺脫對快樂的想像之後會有哪些效應，以及為什麼我深信值得這麼做。

這本書不會試著引誘你走上另一條朝向無法達成的目標的道路，更不會讓你快樂。本書也不會要你停止追求快樂，然後你就剛好瞬間「發現」快樂，或是諸如此類的廢話。

放棄不是通往快樂的後門鑰匙！

相反的，這本書能幫助你看到自動尋求快樂的「內幕」，讓你完全品嘗生命，對生命做出邀約，使你做出自主決定，讓你比較不會因為負面想法、感覺和經驗而受苦。你不會因此有種錯覺，以為終於到達完美的「我—好—極—了」空中城堡，而是覺得安居在你的腦子裡。不管你在何處，發生什麼事。

第 1 部

為何世上沒有快樂

1

通往快樂的歧路

第五名：克服問題

再沒有比一連串的好日子更難以忍受。——歌德

不管信不信，每個人都是個麻煩製造工廠！我的意思不是你超級複雜，應該以最快的速度讓自己擁有還算好的性格，而是人本來就會這樣，這是很正常的，人就是會製造麻煩，不是嗎？

先來看看妮娜和卡爾的親密戰爭好了。卡爾把妮娜一個人留在派對裡，而且已經不是第一次。每次他喝醉了就直接離開，也沒有告訴妮娜一聲。不可思議，對吧？妮娜也這麼想。她才剛注意到卡爾消失了，就打電話給他，接著是一回非常不愉快的對話，我們就省略細節。無論如何卡爾感到後悔，並且答應妮娜，保證絕不會再發生這種事。問題解決了。第二天妮娜走進廚房，幾乎不敢相信自己的眼睛，眼前就像戰場一樣！幾片吐司散放在爐子上，奶油、起司和香腸，所有的東西都沒有冷凍、乾燥，散放在工作台上。最討厭的是妮娜還踩到一灘啤酒，就在回收空瓶旁邊。

她氣到爆炸，衝進臥室，搖醒酒醉酣眠的卡爾，和他理論。卡爾信誓旦旦，說他什麼都不知道。但是他很快就想起自己半夜忽然很餓，橫掃了一陣冰箱。他喃喃著起床，好整理這片狼藉。妮娜怒氣稍歇，但是她和卡爾的生活狀況，不能再這樣繼續下去！她其實越來越常問自己，卡爾是否有酗酒的毛病，於是她也連帶煩惱起來。

或者她對卡爾根本不再那麼重要，因此他的舉止就像根本不把她放在心上？她想得仔細一點，他整晚幾乎都沒和她說話，他們已經三周沒有做愛。他們之間的熱情已經熄滅了嗎？他們漸行漸遠了嗎？卡爾不再覺得她有魅力，因為她胖了五公斤？雖然他和那個金髮女郎聊天聊那麼久，她卻一點都不感到忌妒，這不奇怪嗎？從前她可能早就非常激動。

我之後再告訴你卡爾與妮娜的故事結局，先為這一刻做個總結：卡爾和妮娜之間一直都有問題，而且這還只是他們的關係問題！當然還有妮娜猜測的體重問題，或者卡爾對酒精的喜好。我可以告訴你，妮娜和她母親的關係一定也不是特別美好，更別提卡爾和新上司之間的問題。

哎呀，你這時會想，這只是個誇張的故事。絕非如此，還有更離譜的。

在奧地利一個心理治療所網路論壇上，我曾發現下列發文：「嘿，我有個不那麼典型的問題：我那麼快樂，甚至太快樂，所以想問問這是否正常？」請你把這個問題再讀一次，某個人覺得棒呆了，結果呢？他把這變成問題！

另一個例子：我的朋友克爾絲汀好幾個星期以來抱怨，她的碩士論文有多複雜，多麼不容易進行，她痛恨寫論文，不得安寧，每個句子確定之前都改寫五次，最後還是不喜歡。

她幾個月以來都告訴我，她有多期待終於又有空閒時間，能擺脫壓力，不必再為這個愚蠢的主題忙碌。然後，就在交論文期限兩星期前，她突然說她很擔心跌入交出論文之後的那個巨大空洞裡，把那個空洞和無所事事描繪得無比黑暗。

這實在太好笑了：克爾絲汀最初有個問題，因為她必須寫論文，但現在她已經開始在擔心第二個問題。

於是如此這般繼續下去，終生。也許你在解決問題方面算拿手，上述問題根本不值一提。也可能你把生活安排得相當舒適，好久才出現一個問題，因此通常覺得愉快。但是我們每個人都經歷過一些時期，問題接踵而來，我們為了不斷解決問題而筋疲力竭。或者你有個很可怕的問題，就是無法解決它，這時陷入無助的感覺，在問題當中輾轉。

處在這種狀態之下相當不舒服，不知道該投入還是該退出，而且解決方式一個比一個糟糕。你因此一而再、再而三地尋找出路，希望有朝一日會達到完全沒有問題的狀態，終於可以快樂起來。

我們常常會想著：如果有足夠的錢，我只要偶爾打工，那麼就有更多休閒時間，我就會變得更快樂。或是：如果我不必再看到討厭的岳母，那麼簡直就是人間天堂！我開心得要跳起來了！

但是解決問題只是通往快樂的歧路，因為問題會永遠繼續發生。你解決了一個，新的會直接跳出來，你會有很多期盼，很多內心小劇場，或不斷鑽牛角尖。

原因在於生物學上傾向辨識以及解決問題，否則人類就無法生存。我們人類必須持續監測周遭是否有問題，因為在演化史上，大自然帶給我們超多危險，我們的身體無法加以應變。

根據人類學家阿爾諾德．蓋倫的說法，其中因素在於人類和其他動物相較之下是種「缺陷生物」。人類缺少在殘酷大自然裡生存的特殊生理條件，跑得既不特別快，牙齒、指爪、毛皮也不特別強健有力，更沒有其他特殊有用的特質，此外我們的直覺也已經退化。二〇〇四年亞洲海嘯淹沒大地之前，其他動物早已自行前往安全之地，我們人類卻毫無所知地暴露在災難之中。人類必須因此讓自己注意到些什麼，才能在環境裡生存，人必須為問題找出解決方式。人類也的確這麼做：我們發明衣服，好防止受寒，發明混凝土攪拌機，好建造房子，還發明海嘯的預警系統。

以生理來看，人類和其他動物相較之下是缺陷生物，無助地暴露在大自然之中，但是人的智力和豐富發明，也就是透過腦子的認知能力，使人幾乎在任何環境下得以生存。或是借用社會生物學家艾卡特．佛蘭的話：人腦的一個重要功能在於讓人調適行為，也就是讓行為適應環境。

腦子是生存保障，藉助它我們能認知和解決問題，應該維持它的功能，加以訓練並且改善，人才能存活。唯有我們一直發現及解決問題，才能達到這個目的。關鍵是以前石器時代的人的確每天都要為生存而戰鬥，例如必須發明長矛，才能打倒猛獁象，免於飢餓。今日呢？你只要去超市就好了！

那麼我們的問題意識只是石器時代討厭的遺跡嗎？是也不是。一方面，還是有危及生存的問題，我們必須加以克服，好比如何讓我們的汽車更安全，或是及時注意海嘯發生。

另一方面，我們大部分的人很少面對危及生命的問題，所以，你的腦子就多少發明一些問題，好讓腦子接受一點問題解決訓練。你的智能喜歡這樣，你解決一個特別困難的問題，神經獎勵系統就感到高興。這是因為你已經體驗到，解決問題的時候就能得到什麼。例如你以「多工作」解決「錢不夠買部法拉利」，接著你就買得起這部昂貴到充滿罪惡感的汽車。

這個系統當然也接受非物質獎勵，好比愛、照護、認可等等。所以解決問題有正面效應，你的腦子因此分泌「快樂訊息物質」多巴胺，不管是在石器時代還是現代。大自然的設定真聰明，對吧？我們人類自願創造問題，就為了訓練我們的腦子，因此獲得一點快樂。但重點是那絕非持續到永遠的極樂！否則你就會停止「尋找—解決問題」的整個過程，這就違反了演化設定。

因此**不管解決任何問題都不會讓我們達到持續的快樂狀態**。如果你沒看清這一點，繼續讓自己接受極樂的「誘惑」，你就會一再失望，浪費太多時間和精力在咀嚼問題上。

「解決問題」變成問題

我們演化中的解決問題訓練有時甚至會脫軌。心理學上稱這種過度專注問題為「反芻」，說得生動一些就是我們一再把我們的問題嘔出來，重新咀嚼它們。但是如果不能通往極樂，反芻問題通往何處？

曼海姆心理健康中心最近的兩份研究顯示，一再反覆咀嚼問題使我們情緒惡化，提高壓力尖峰值，身體分泌可體松，也就是「壓力荷爾蒙」。而且反芻也導致自我價值感降低，減少我們的能量，因此也是憂鬱症的主要徵兆之一。反芻對某些焦慮症也有一定影響，尤其是我們對未來反覆思索，乃至過度擔憂。此外想太多的人也比較容易發生睡眠失調，睡得不好，甚至根本沒有睡眠。

非醫學相關領域也研究問題反芻，做出值得注意的結論：陷入「反芻情緒」的受測者比較不擅長解決人際衝突，比較不容易做決定，也比較不容易專心。你的腦子一直思考特定問題，同時試著聽別人說話，你發生過這種情形嗎？總是錯過談話的關鍵，必須拜託對方重複一遍，或者乾脆假裝聽懂了，一旦被看穿可真尷尬。或者，你曾聽著鳥兒鳴叫，腦子同時陷入過去的爭吵對話嗎？

腦子裡思考著問題的人，就會變得不專心，錯過正在發生的事情，包括生命中美好的時刻。

無止境修正問題─解決之路

總結卡爾和妮娜的故事、海嘯預警系統、多巴胺幸福時刻和反芻：你可以保留你的問題，就連十分可憎的問題，或是沒問題的問題都可以保留。反正人本來就是這樣，人因為演化變成問題工廠，這不是絕望的理由，只是完全正常。然而為了不要因問題過載而崩潰，一再體驗失望，我們必須先瞭解，不管解決任何問題，就連解決重大問題都不會讓我們獲得莫大的快樂。如果你通往快樂的途徑至今都在於「消滅」問題，那麼請放棄吧！因為人生中必然會一直存在大大小小的問題，這是理所當然的。

那麼我們就不需要再解決任何問題嗎？當然不是。如果能解決廚房發臭的問題，你當然可以把垃圾丟掉。重點不是不再處理簡單的問題，好比日常任務。而是還有「另一種」問題，你無法那麼容易解決掉，心理學稱之為「複雜問題」。

如果有許多不同要素導致問題，而你無法事先預見，甚至無法左右要素的變化，此外你也不確知所有要素，於是就形成複雜問題。好比人際關係的問題就是複雜問題，因為你如何確實得知其他人發生什麼事，他們接下來會怎麼做，以及為何呢？

我們回到卡爾和妮娜的故事。妮娜注意到他們的關係缺乏激情，想要讓關係重新炙熱起來。於是她走向卡爾，對他說：「卡爾，我有個驚喜要告訴你。下個連假周末，我想和你一起在巴黎度過！你什麼都不必擔心，我已經把一切都打點好了，星期五就出發。」

但是卡爾已經有其他計畫，為了這個假期，他已經和朋友們規劃好到哥本哈根的小旅行，其中包括兩個妮娜無法忍受的女性。妮娜出乎意料地被自己的情緒壓倒，她無法相信卡爾拒絕和她共度巴黎周末，於是吼叫著：「我絕不許你和那兩個可怕的女人到哥本哈根去！」

為了進一步表示憤怒，她話說完還把一個蛋杯摔到地上。卡爾只是冷淡地聳聳肩說：「你無法禁止我，我還是會去。你可以和閨密一起飛到巴黎。」

結果那個周末妮娜坐在家裡，取消旅館和飛機訂位，因為騰不出其他時段。妮娜於是有很多時間思考，不管她為卡爾的行為想出多少後果，多少報復的想法追逐著她，她多常撥打卡爾的手機，問題依舊存在，而她無法改變：卡爾到哥本哈根去，雖然她想和他一起去巴黎。

妮娜有個複雜問題，那就是必須忍受她無法控制卡爾。但是不管她多想要拋開這個問題，她還是無法停止想這些事情。

為何卡爾就是想和那兩個女人去旅行，卻不和我去？我已經不再值得他追求了嗎？其他男人會很高興有我當女朋友！也許我應該找個追求者，背叛卡爾？或是立刻和這個白癡分手？但是如果我找不到其他人會怎麼樣？卡爾和我其他時候相當能互相理解。也許我把巴黎之旅當作既成事實丟給他，所以他感到憤怒。即使如此，我已經把一切都計畫好了，他應該拒絕哥本哈根那邊才是！我必須是他的第一順位！

你熟悉這個情況嗎？你也曾經這麼生氣，陷入無止境的「解決—問題循環」嗎？我們要怎麼做才終於能夠放棄這個循環呢？我們如何處理複雜問題？

我有個建議。我們可以保持一些距離，帶著某種超然觀察我們的問題解決方式，可以學習既不那麼受到問題的干擾，也不會因為正處於無止境「解決—問題迴圈」這個事實而困擾，自然就能和問題共存，就像我們有五根手指這個事實一樣。但是我們必須為此更進一步理解問題的本質。

問題究竟是什麼？

一般而言，現實狀態以某種形式偏離應然狀態時，就稱之為問題。其中經常涉及我們的自我概念，心理學家稱之為「真實—理想—差距」。簡單來說就是：我們不是我們想要的樣子。

為了更進一步瞭解，也為了變化一下，請想像一下你是家裡的暖氣機，這是一座有恆溫器的現代暖氣，恆溫器設定公寓應該永保舒適溫暖的二十二度。但是一夜之間，冬天無預警降臨，房子溫度突然只達到十九度。你這台暖氣此時絕望地想著：「老天爺！十九度！怎麼會發生這種事？我怎麼能容許這種事情發生？三度的差距——我的運作還正常嗎？我親愛的住民會怎麼說？」

為了擺脫自我懷疑，你隨即開始瘋狂加熱。如果你可以閱讀到這一頁，那麼你很可能不是一部暖氣。但是就你的判斷，事情經常不照應走的方向發展，你和暖氣真的挺像的。

來說一說感冒好了。你很想健康，卻生病了，於是產生一個問題。但是這真的是一個問題嗎？如果是這樣，每個人在那一刻都一定贊同你的判斷，感冒是個問題，一直都是。但是你問問癌症病人，他可能會歡呼，寧可像你一樣感冒，也不要罹患威脅生命的疾病，於是對你說：「感冒再怎麼說也不成問題，幾天內就痊癒了，我甚至不會因此去看醫生。」

原來如此，你想著「原來我沒有問題」。但是你沒有癌症患者的經驗和觀點，因此不是那麼容易轉念，更別說假裝是暖氣機了！讓我們假設，比起你，你的鄰居喜歡公寓溫度低些，你兩人家裡的暖氣機或許會如此對話：

你的暖氣：「坦白說我挺尷尬的，但是目前我只達到十九度！十九度！怎麼會這樣？我是個徹底的失敗者。」

鄰居家的暖氣：「十九度很棒啊，根本不知道你在想什麼。我這裡才剛好……等著，我看一下……十八度。也許我一個小時後才會開始加溫，但是現在我就這樣繼續度咕一下。」

你的暖氣：「真想要有你的冷靜！要是我也才十八度，我都要瘋了。你怎麼辦到的？」

鄰居家的暖氣：「不知道，我一直都這樣。你放輕鬆一點。」

這段對話聽起來熟悉嗎？人們常常說不需要想太多，事情根本沒那麼糟。「對你們而言或許是這樣，對我來說就是那麼糟！」我們會這麼想，覺得自己不被理解，彷彿自己的看法錯誤，別人才是對的。但是，就像暖氣的例子所呈現，只是每個人的設定不同而已。

那麼是誰把你的恆溫器設定成和鄰居家的不一樣？你的朋友、同事還是另一半？這個問題有許多答案：演化、基因、教育、社會規範和至今的生命經驗。科學上來說，就是外在和內在要素混合，亦即你的恆溫器既受到環境也受到你身體條件的影響。但是在你開始質疑規範和價值，或追究哪些糟糕的經驗導致你比其他人更加不安地生活之前，就讓你的恆溫器維持原貌吧。

只要我們知道，問題是應然和實然狀態之間的差距，任何人察覺到這個差距就會受到干擾。有趣的是問題似乎完全因人而異，如果是因人而異，也就是相對且變動。你覺得伴侶欺騙你是個問題，這並非絕對真實，只是情況的許多可能判斷之一而已。你的判斷也不是絕對，也會改變。

天靈靈地靈靈

我們來做個小小思想實驗。請隨意想出一個目前面臨的問題，也許是和伴侶的爭執，擔心生病的家庭成員，或是工作單位發生的困難狀況。你也可以想像比較小的問題，好比提不起勁去運動，無法努力集中精神學習，或是約會取消的失望。現在請你集中在和這些經歷或狀態相關的負面觀點上。

為什麼他這樣對待你？你的同事為什麼明目張膽地在背後貶低你？他們以為你是笨蛋，根本不會發現嗎？為什麼別人都那麼苗條，只有我那麼胖？為什麼對她只說這些或那些，我真是個蠢材！

你感覺到負擔，體驗到情況產生的負面感受。憂慮、憤怒、悲傷、不安，也許甚至還感到絕望。請你盡可能感覺惡劣，並且停留在這種不快樂情緒當中片刻。

接著請你想像，擺脫這些問題會有什麼樣的感覺。你不必為問題找到解決方式，就假設問題已經不存在，就這麼不見了，你擺脫它了！如果你不容易產生這種想像，請你記起問題還不存在的時候，把自己帶回當時的感受狀態當中。請你感覺片刻自己的心情如何。

那是什麼感覺？擺脫這些問題覺得如何？

也許你忍不住微笑，肚子裡有種愉快的、癢癢的感覺，或是你根本喜不自勝。這些重負終於消失了，你可以停止不斷鑽牛角尖。再也沒有必要感覺不快樂，你就已經感到滿意。

前面幾分鐘發生什麼事？你藉助想像力讓一個問題出現前，任由負面情緒壓倒你。接下來你讓問題消失，結果是你暫時覺得愉快而且輕鬆。但是不用擔心，你的問題一定很快又會來敲門。這個思想實驗的意義根本不在於你「擺脫」這個問題，而是第一讓你看到自己的觀點會改變，第二是自問你何以能夠自行創造問題，然後又讓問題消失。

唯一合乎邏輯的解釋是問題並非自行存在。

你知道一部電影《阿斯特里克斯征服羅馬》嗎？阿斯特里克斯和歐貝力克斯

必須在過程中完成十二項任務，好向凱薩證明高盧人的神性。倒數第二項任務是在「亡者國度」過一晚，死亡士兵的靈魂每晚都在其中遊蕩。幽靈士兵出現的時候，歐貝力克斯與高采烈地迎向羅馬兵團，試著盡一切力量打擊他們。

他揮拳踢腿，擊打、拉扯、扼頸，還打他們耳光。但他們是幽靈，每回碰觸都穿透過去，歐貝力克斯沒幾分鐘就筋疲力竭。我們的複雜問題也是同樣的情況，我們用盡各種方法對付它們，卻沒有看出它們基本上沒有實體，相當耗費我們的力氣。

那我們能怎麼做？我們可以停留在自己的意識當中一會兒，意識到問題只有在我們想到它的時候才存在。這個覺知卻並非鼓勵你在自己的想法裡鑽來鑽去，正如上文提及，如此一來你只會不斷發生問題。請你只是察覺問題，同時知道它只是你思想世界暫時且相當不穩定的現象，為了確知這一點，你必須每天意識到問題的來來去去。

現在我們再想像另一個場景：那些黏著你、依然無法解決的事情。例如你可以想一下上次情傷。我確信你一生中一定曾和某人有一段失敗的戀情，然後這段失敗的戀情還經常出現在腦海裡折磨你。你（還有你的朋友圈）可能因此受了很多苦。但是請你想想，當失戀的往事重回腦海之際，你一定有片刻想著完全無關的事。也許是意識到必須盡快去採買，或是電話響了，而你正在找手機，你的問題——那個你很喜歡的人不在身邊——就完全消失。但是問題哪兒去了？很簡單，它不復存在。

你注意到這些時刻，隨著時間，你越來越少被問題所「吞噬」。但如果你嘗試以你的思想去掌控這一切，就變成你想戰勝幽靈軍隊一樣。你想知道阿斯特里克斯如何達成「亡靈國度」的任務嗎？他就讓那些幽靈去鬧，自己倒頭大睡。

如何離開歧路

我必須坦承，我也讀過許多勵志書籍，每次書裡出現具體練習，我就變得非常懶惰。我常想：啊，這聽起來不錯！即使如此我還是不會去做那些練習。

通常是因為要用到其他東西，需要用到筆和紙。如果你同樣覺得很難進行實際操作的部分，請放心：我準備了幾個「萬事具備」的練習，可說就是順便做一下，我保證，你不需要準備任何東西就能做這些練習。

但是為了某些「行動派」讀者，也許正熱烈期待可以在新的筆記本裡寫些什麼，我也準備了一些東西。

是否刻苦完成所有練習並不重要，盡可能選擇特別讓你好奇的練習，但是也不要就這麼完全略過本書的實作部分。你也許會問，究竟為什麼要有練習部分，我們畢竟已經劃掉快樂目標，自我嘗試還有什麼用？這些練習一方面讓你深入理解書中內容，因為透過練習，你可以探索自己的經驗，讓我的理論思路「活躍」起來。另一方面，我可能告訴你很多東西，這些練習剛好讓你可檢視每章內容是否和你相關。因此請你審視我的論點，得出你自己的結論。

＊ 練習一 ＊

除了問題沒有其他

你還記得嗎？我已經提及人就是問題製造工廠。重點是你不要輕信我這個說法，請你加以檢視！下回你在咖啡館等朋友的時候，聽聽鄰座的談話。猜猜大家都聊些什麼——問題，問題，問題！你試試看。

＊ 練習二 ＊

看看恆溫器

請你熟悉不同恆溫器這個點子。下回某人對待你不如你所期盼就加以運用。假設你和別人約在一家漂亮的餐廳，你的約會對象遲到二十分鐘，卻沒有先跟你說一聲。

在你抱怨對方之前，請你想像他的恆溫器設定顯然和你的完全不同，也就是比較悠哉。也許他半個小時之後才會告訴你，相反地，你希望他十分鐘，最好還要更早之前，就告訴你他的即時狀況。不管哪個恆溫器的設定才正確，請你意識到其中差異。

在你看過自己的恆溫器之後，如果你還想指責對方，那就去做吧。

練習三

來自土星的薩謬爾

為了減少鑽進問題裡，辦到前文所說的「超然」，我們必須和我們的想法及感覺拉開距離，真的無須擺脫它們就辦得到。現在我透露給你一個奇妙的技巧：我一直強調人類是問題製造工廠，因此如果你嘗試只觀察解決問題無限迴圈的時候可悲地失敗了，請換個視角，想像你是來自土星的薩謬爾，你允許薩謬爾暫時溜進你的身體，好研究人類體驗。

如果你第二天依舊感到憤怒，氣你約會對象沒有及時告訴你會遲到，你可以採取薩謬爾的觀點。薩謬爾或許會想：「啊哈，如果某人太晚露面，而且沒有通知，人類會非常生氣。人類有種糾正他人的需求。還有，他們根本無法停止回想這些事情，真有趣。」

請讓薩謬爾察覺你所有的想法和感覺，讓他為土星人研究團隊收集重要的資料。聽起來也許有點蠢，但是我喜愛這個練習，讓人變得從容許多。

2

通往快樂的歧路

第四名：我們的工作

成就一定帶來寂寞。人們以為只要擁有一切就會快樂，以為可以去任何地方，做任何事情，但這並不是重點。人們渴求根本的事物。——麥克．傑克森

漢納斯沒有工作。完成學業之後，他先從一個工程師辦公室的兼職開始，但是他約聘的工作合約不能再延長，申請新職位一直都沒下文。漢納斯覺得自己不受重視。他的上司為什麼不繼續雇用他？為什麼他找不到新工作？就業市場對他似乎毫不期待，沒人在乎他良好的畢業成績以及優秀的工作成績。

失敗的就業狀況隨著時間也影響他的私生活。每當他認識新朋友，就必須尷尬地坦承目前無業。他擔心別人以為他沒有能力而看輕他，因此他越來越常窩在家裡，因為朋友和家人的關心也讓他煩躁。寫求職函幾乎比無業更讓他沮喪，他覺得自己的一切情況是那樣無望。

一年後他才面試成功，漢納斯終於被雇用，他快樂無比又驕傲地就任新職。他需要一些時間重新適應，幸好同事人都不錯。試用期結束之後，他甚至拿到正式的工作合約，再也不是無業！一種很棒的感覺。幾個月之後，只有一件事他不喜歡，他根本不敢告訴其他人，但是……實在太無聊了。整天在辦公室裡，晚上早早就寢，早上才能精神百倍地起床，一年幾星期的假期。冬天，漢納斯去上班的時候天還暗著，下班時天也已經黑了，他覺得真沮喪。

也許他應該爭取更高的職位，負責更有挑戰性的工作。如果他負起多些責任，甚至能管理幾個手下，應該會比較有成就感。他的工作會變得比較有意義，或可彌補煩惱的心情，而且薪水當然也比較高。

不過幾個月，漢納斯就往領導階層推進一級，被派到公司位於法國南部的分公司。開展這個新的生命里程讓他興奮不已。他的朋友和熟人都很忌妒，他不再感到沮喪，而是充滿活力。但是他在法國的開展並不如預期，派駐的那個城市只能算是個小村落，他並不喜歡。他的法文也為他帶來困擾，雖然足以應付日常對話，但是還必須漸進掌握工作用的字彙。他覺得自己居於劣勢，而且是在他身為初級經理的職位上。

周末他可以到海灘去，但是一個人根本沒有意思。此外他所有的同事都和他不同齡，他想念朋友，覺得寂寞。於是他想到為何不試著獨立開業？這樣他就可以到處工作，可以一下子到南方躺在陽光下，然後回家，隨他喜歡的頻率和長短。他再也不必順著職業生涯階梯往上爬，他將會是自己的老闆，爬到很上端。他滿懷希望開始具體計畫。

你的看法如何？漢納斯會在自行創業當中獲得極樂嗎？你的情況又如何，你滿意目前的工作嗎？或是你經常突然發覺自己為了尋求新的挑戰，正埋頭研究徵人啟事？根據英國民調機構 YouGov 的資料，百分之四十三的女性以及百分之四十八的男性認為，他們在五年之內會換工作——你是其中之一嗎？想像一下，如果你薪水比較高，或是展開一直夢想的藝術家生涯會有多美妙？你可能失業，直到再次獲得工作的時候，會知道生命並不完整嗎？不管你現在處境如何，未來一定會變得比較成功，不是嗎？

我們一旦把成功和快樂劃上等號，就為我們的長期不滿奠定基礎，因為根本沒有極限——隨著職位晉升，我們的量尺也增長。正如我們不常在最後獲得名

聲、金錢和勝利，我們也很少永遠快樂。

我並不是說你不該找新工作，或是不應勇敢創業。但當你這麼做是為了要快樂，失望必不令你久候。我最近和另外三個作家參加「生命危機」的主題座談，其中有個作家說：「起先會想著，如果能找到一家出版社，終於出版這本書，就會永遠快樂。但是達到目標之後還有其他問題和期望。雖然在比較高的層級，但是不滿又回來了。」並不容易有這樣的見識。

我們固執地相信，只要職業生涯有進展，我們就會感覺世界基本上都朝正向改變。其實我們本該更清楚並不是這麼一回事。

每個人都知道墮落巨星的故事，不快樂的獲獎人士，私生活破碎的富有商人。為什麼我們不從這些經驗學習？很簡單：我們以為如果發生在自己身上，結局會不一樣。如果我們成功進入職場，或是獲得期望的推力，那麼我們就會快樂。但即使達到職業生涯的頂點，這個最高層級以及相連的喜悅卻不會永遠維持。

請想像你是韓國歌手 Psy，唱紅〈江南 Style〉，在 YouTube 上獲得六千四百萬次點擊，你出名了！多大的成就！但是你能再次創造這樣的大熱門歌曲嗎？可能不會。

我在社工工作上接觸到一個青少年，姑且稱他為雷昂吧，他告訴我，他最大的夢想是成為 YouTube 上的明星。我當然聽過透過 YouTube 上的點擊就能賺錢，但是一直到他告訴我的這一刻，我才知道對年輕人而言，YouTube 明星真的是種職業想像。對雷昂而言，他的極樂因此取決於在網路上達到一定的知名度。這件事的未知阻礙在於，當我進一步詢問，他無法明確告訴我何時才算是個明星，需要多少點擊，以及這樣的成就在 YouTube 上究竟能維持多久。他以為，到時他會有種成功的感覺。

我們所有人的情況都類似這樣，試著以職業成就達到模糊的期望感受。即使你不追求名聲，而是希望在公司裡爬到主管的位置，你通往快樂的道路總有一天會突然顯露只是錯誤的道路。當你必須退休，無法工作或是公司倒閉的時候會怎樣？如果對你工作的要求發生根本改變，有個討人厭的上司或同事呢？職業成就並不能使你獲得極樂，因為取決於太多持續改變的條件，即使只是 YouTube 上的點擊數。

我認識一個演員，他曾演出一部著名的美國電視連續劇，就讓我特別看清工作環境的多變。他告訴我，拍攝工作緊鑼密鼓地進行那時，他走上每一條紅毯，受邀參加所有重要的好萊塢派對。他的職業生涯達到巔峰，每個人都想邀請他作客。受到那樣多的關注必定相當飄飄然！

但是情況很快就改變，而且就在拍攝工作結束，影集播出之後。突然間再也沒收到閃耀活動的邀請函，他再也不是「炙手可熱」。影集角色結束之後，媒體詢問度也終止，這是衡量演員成功的標準。這種情況雖然不一定就是職業失敗，但至少是個陡然的生涯挫折。

我們之中當然很少人是好萊塢演員，但是一般工作日常也有高潮和低谷。如果沒有意識到職業不曾帶給我們極樂，面對成就消退，或是沒有達到目標，就會覺得自我價值受到威脅。

更有甚者，根據加拿大教育學家勞倫斯・J・彼得的說法，就連職業上的晉升都會讓我們早晚達到自身無能的階段，於是變得不快樂。這個現象以「彼得原則」而聞名。例如你從擔任臨時工開始職業生涯，之後你被雇用成為正式員工，接著你被培養成部門主管、初級經理，最後變成資深經理，在這種情況下——根據彼得的說法——可假設，在最高職位上，你不見得能像在低階職位上那樣有效能地完成業務，這當然讓你不好受。

經過類似歷程的人雖然不是每個都一樣，但是要點在於，你因為完美掌握工作範圍，因此獲得晉升，結果是你獲得一個比較大或比較複雜的任務。這個任務領域隨著每次職位晉升而擴大，總有一天超過你的能力，你在較高職位上不再像最初那樣表現傑出。

這是否意謂著寧可滿足地接受臨時人員的生存方式？或許。如果你從這個工作獲得樂趣，你應該至少考慮，不要為了堅持原則而改變這個生存方式。

海利希．波爾有篇文章，標題是〈降低工作美德軼事〉：有個漁夫舒適地躺在他的船上打盹。這時有個遊客走過，問漁夫這麼好的天氣為何不出海打魚。漁夫回答，他今天早上已經有所收穫，足以應付今天和明天。遊客開始計算給漁夫聽，如果他即使如此還是出海抓到更多魚，就能夠擴充他的買賣；如果出口他的魚，他將會有什麼樣的機會，足以成立一家公司，雇用員工，凡此總總。陌生人變得相當亢奮，因為自己的商業計畫興奮不已。漁夫只是輕聲地問：「那麼到時候呢？」遊客回答：「那時你就可以安穩地坐在港口，在太陽下打盹——看著壯闊的海洋。」

我覺得這個軼事寫得太棒了，一點都和野心沒有關係，只有完全享受生命的智慧，不會為了尋找快樂而浪費生命。

我有個好朋友就在即將拿到生物化學碩士之前放棄學業，她在漫長掙扎之後決定相信自己的感覺，接受一份讓她覺得愉快的工作，現在她在一家零售公司上班。這個決定讓我印象深刻，我深信大部分的人不能走出這麼勇敢的一步。但是為什麼不能？放下學術虛榮心之後，還有什麼好害怕的？

金錢這回事

物質富裕讓人快樂，因為我們感到安全。如果在職業或學術歷程沒有進展，沒有賺很多錢，於是就不快樂。真的是這樣嗎？我們不妨一起來看一下心理學研究，好檢視這個信念。

要是我現在送你一千萬歐元，你一定認為不會再有煩惱。賓西法尼亞大學一項研究卻顯示，因為意外之財所產生的喜悅，三個月之後就會消退。三個月！相當於一包乳酪粉的保存期限。我們的感覺世界並不特別能長期被打動，真遺憾，如果我們能購買愉悅感，一切就會變得舒適又簡單。但是認識到這一點也有好處，就像另一份同樣在美國進行的研究顯示，研究者發現中樂透的人和半身不遂的事故犧牲者比起來，在極端正面和負面事件之後一年，快樂的感覺強度又相差無幾。這意謂著：你快樂和不快樂的持續時間都一樣。

事實上，因為所謂的對比效應，財富甚至導致你比較少經歷快樂的感覺。對比效應指的是相較於他人，你對某件事的感受不同。假設你每天都在豪華飯店用早餐，還有很棒的視野，有一次你無法如常用早餐，必須到尋常的麵包店買個巧克力可頌解決，你就比較沒那麼開心，因為你習慣的是另一種形式。這種效應反過來也適用。豪華飯店的早餐對「一般人」會是真正的高潮。因此對比效應導致富人因為生活標準，比起收入不豐的人更難讓自己快樂。

你一定也曾坐在電視前面，訝異於億萬富翁的奢華生活。你也曾疑惑，究竟為何需要十個車庫，停著各種顏色的豪華轎車及跑車？這是因為這些富裕的人拚命想讓自己產生買第一部豪華轎車時體驗到的愉悅感。當然這並不意謂非常富有的人無法對任何可能的事物感到高興，並且對自己所擁有的感恩。但是你賺少一點也會有同樣的感覺。接著來研究一下讓我們產生職業野心的第二個原因。

對別人的想法

「我們的孩子會變成什麼樣子？」一旦孩子的發展不是那麼順利，擔憂的父母就會這麼問。這個問題完成呈現我們展開職業生涯的心態：必須變成什麼，最好是能讓家人和自己驕傲，對潛在伴侶有吸引力，在朋友圈裡不會變成邊緣人。我們早已忘記，職業選擇真正重要的關鍵：我們預期終生會做的工作。

我們沒有考慮這些，反而有意識或無意識地受到認可期望的影響，以為認可會讓我們快樂。但是為什麼沒有用？

定期調查的阿倫斯巴赫職業聲望表（Allensbacher Berufsprestige-Skala[1]）解開這個謎底，我們可發現職業受到認可的程度不斷在改變。如果你在二〇〇一年是個律師，還能在名望表上排行第四，二〇一三年的時候只能排在第九名。大學教授的聲望也在退步當中，更別提作家的名聲，根據最新調查根本擠不上排行榜，從前卻曾是第八名。因此特定職業並不一定就保證你獲得聲名。

---

1 阿倫斯巴赫民調中心（Institut für Demoskopie Allensbach）所做的研究。

即使你是醫生，就職業聲望而言，毫無爭議名列第一，但是你也不會因為持續不墜的聲望變得快樂。因為就算引發你目前快樂感覺的外在要素保持相對穩定，內在要素也會改變，例如你會習慣他人對你的讚嘆，甚至聽到煩。我一個朋友完成醫學教育的時候，她很氣人們只看到她的職業。她說起一個剛認識的人：「我要是念的是烘焙系，他可能還不會這樣對待我！」人們因為她的職業而對她特別敬重讓她失望。

為何職業上的認可不會讓人快樂，其中最重要的原因在於，學歷並未說明你度過時間的方式是否帶給你樂趣。也就是說，你當個記者是否讓你覺得很棒，還是你喜歡整天坐在報紙編輯部裡，這些都沒有差別。一旦達到職業目標，你可能覺得驕傲，知道你有充分理由感到快樂和感激。但是你不會因此就覺得比某些在職業上沒有「那麼大」進展的人更好。

換句話說：不會因為從大學畢業，就讓你每天早上雀躍地起床。我最近和一個年輕女性聊天，她就樂於走上這條歧路。她說：「你很會說話，如果我是你，我會每個周末只是坐在沙發上，高興自己拿到學位，有個好工作，甚至印著我名字的書在許多書店出售。你根本什麼都不必做。你已經有很多成就，我卻只有中斷的學業和三個孩子。」

請你想像一下，這位女性說這些話之際必然感受到的自卑、失望和悲傷。一切只因為她深信，快樂只能從職業成就獲得，因此無法重視每天的工作和感覺。該是不再依循這條歧路的時候了。

離開還是留下？

透過職業不能找到快樂並不等於每天都不快樂。一定有些工作基本上比較適合你，也有些工作條件為你的工作帶來更多樂趣，即使你不會因此常保愉快。

雖然我們生命中有些時期，出於經濟困境被迫暫時做我們不那麼喜歡的工作，但大部分的人幾乎總有選擇。我們可以在同樣的業界找新工作，接受第二專長教育，二次就業，再上一次大學，接受外派，辭職，變成自由工作者，甚至不工作。但我們應該反覆思考的是：我們真的該勇於（再）轉換職業跑道嗎？如果是，怎麼做？

也許知道你基本上只有四種選擇會有所幫助，心理學稱之為抗力形式。四個可能性如下：

留在工作崗位上。

辭職。

留在工作崗位上，改變你所能改變的事情。

留在工作崗位上，做出讓你的情勢惡化的事。

讓我們稍微思考每條選項。如果你決定留在工作崗位上，那麼這是出於自由抉擇接受自己的職業，在某些情況下，就和你做出辭職決定一樣讓你覺得釋然。但是你必須注意，不要大意從選項一變成選項四，我們後續就會談到。

如果你離職，可能讓你大大鬆了口氣，但是你必須面對可能出現的困境，也許需要一段時間才能找到新的工作；找工作大部分伴隨拒絕，也就是連結著排拒、失望和沮喪。可能你有好長一段時間得節約生活，靠著存款過日。

選項三可以對你工作崗位的情勢產生非常好的效果。如果你決定留下來改變你權限所及的事情（例如可以嘗試爭取比較刺激的企劃案，或是更常說

「不」），你主動積極規劃日常生活，而不是只盡義務。當然其中也有讓你感覺沮喪的風險，譬如你的工作範圍，或是內部結構很難改變。但當你有意識地決定，你可以更積極投入，而非半推半就地做某些嘗試。

最後一個選項可能讓你浮現一些問題：留在工作崗位上，做出讓你情勢惡化的事情。我們所有的人無意識地最常做出這個選擇，你感到訝異嗎？改變一些事情或是辭職對我們而言太累，我們寧可抱怨沉重的命運，怒罵我們的上司和同事。但是如此一來只是讓一切更難忍受。於是你開始不再看到明亮的積極面，迷失在工作的外在條件裡，而非專注在起初為你帶來樂趣的工作上。即使如此我們還是一直選擇第四種可能。

認識抗力形式將有助於你注意自己無意識所做的決定，以及知道你隨時都還有其他三種選項。事實上：你根本不能不做決定！即使你決定一切照舊，這也是種決定，就連這樣對你也有不可知的後果。職業生涯引人入勝，因為你永遠不會知道，你的工作環境就算你不做什麼依然會有些改變，或是在你能選擇的選項後面隱藏著什麼。

主動做出抉擇就像參加遊戲節目，你也許看過一個電視節目叫做《全輸全贏?!》，主持人給參賽者三個門的選擇，門後面是不同的獎品，裝著現金的信封或是安慰獎。你也是以相似的方式發現你的職業抉擇帶給你什麼。

這是種風險，但是正如前所述，你留在原位這個選項也有風險，可能一切都改變，你從來不會精確知道什麼會落在自己頭上。因此請你直覺地選擇，就像《全輸全贏?!》的參賽者，相信你的感覺，提起勇氣。如果一切都在轉變，你也可以秉持良知自行引發這些轉變。

我想再次強調：這四個選擇皆非快樂選項，沒有任何一個決定後面隱藏著你正在尋找的東西。不論你做什麼，你不會長久感覺良好，事關你變得主動，而非沉淪在被動裡；重點是你嘗試到底，（重新）發現工作的樂趣。

請勇於展開新的職業生涯，設定目標，但是請你只為了行動本身去做，否則就會像前面那個例子裡的漢納斯，永遠都在追尋完美的工作崗位，以符合你對快樂的想像，在內心引發那種了不起的感覺，問題是你其實並不確定那究竟是怎麼樣的感覺。

我該怎麼做？

如果你決定選擇第二個選項，不依賴對快樂的期望而改變職業生涯，那麼還有一個問題，你能夠怎麼做。我上文剛提到，一定有些工作基本上能帶給你更多樂趣，比其他工作更適合你。但是如何找到這樣的工作？請讓我們提出一些想法。

工作上的「樂趣」指的是什麼？你一定已經聽過心理學用語 flow（心流），意思就和流動差不多。這個字所指的是一種狀態，在心流中，我們忘情投入所作所為，結合一種幾乎狂喜的美好感受。但請注意：心流並不意謂這種感覺會持續，長期發生某些正面影響。這是一種體驗，「只」發生在你完全深深投入作為之中，之後你可說又會再度浮起。

心流的心理機轉可和職業行為相連結，正是這樣的舉動為你帶來更多喜悅。因此請你在日常生活中觀察，找出你擅長做什麼。或是嘗試做些你猜想會適合自己的新事物。

在心理治療以及心理學諮詢當中，要找到這些行為可以參考「愉悅行為表」，也可參考本書的附錄，從中獲得靈感。其中一定有些建議是你長久以來都沒想到過的。（好比開車到戶外，修復古物，進行哲學討論，或是裸奔，你覺得如何？）

但是你如何從這個表找出什麼和你的工作日常做連結呢？當然這並不表示你該早晨裸身進辦公室。重點在於發現新的潛能，鼓起勇氣嘗試其他行動。請別誤解，我並不是說你應該每天產生八小時的心流，進入狂喜狀態。但是你可以多些這類經驗，時間就像飛一般流逝，你在工作一天之後累壞了，但卻是面帶微笑地回家。我要強調是多些，而非總是。

其他重點如下：研究工作潛能的時候，請刻意忽略聲望這個要素，只著重在追求可能帶給你樂趣的事物。如果採取孩子的觀點，也許對你有所助益，問問自己當時的職業期望是什麼，其中可還有任何機會？

我曾在一家服飾店聽到一個小女孩驚嘆地問媽媽，售貨員怎麼把防竊鈕從衣服上解下來。母親對她解釋之後，女孩充滿崇拜地說，只要她可以整天解除防竊鈕，她以後也想變成一個售貨員。我們已經忘了這種簡單的想法，但這並不表示我們已經不會這樣思考。

我無能以至找不到正確的工作

你知道有種人，他們說：「我的工作對我而言不只是職業，也是天命！」你張大嘴巴聽著這話，想著：好極了，而我卻在藥妝店裡排衛生棉。

你自覺卑下，因為你顯然不是受到上天感召，或是至少沒注意到。不管多努力，你就是不知道自己想做什麼工作。你不知道心流能做什麼，就像魚不知該拿一把玫瑰做什麼。這一點都不糟糕，職業等於天命感召只是成功和認可之外的另一種可能性，讓我們經由工作走上通往快樂的歧路。因此我想安慰你一下：沒有人天生命定做什麼，也沒有人無奈天生倒楣。

你聽到某人說出這意義深遠的天命召喚句子，那也只是片刻間的感想而已，不必然就把你引向辭職，然後工作一個換過一個，嘗試一項又一項的活動，只因為你的天命可能就在其中。當你沒有「投入」某項活動，並未身在心流之中，也沒什麼好在意。如果你不知道自己想從事什麼樣的職業，那也只是眼前還不知道而已。

許多人以為自己知道，但當他們完成相關教育，或開始某個工作之際卻失望得要命。另有些人知道自己想做什麼，但某天卻發現他們的興趣，或是工作資格要求已經改變，他們想嘗試做些別的事情。

也許他們明白自己正困在一個艱難的職業階段，工作對他們而言就像障礙賽一樣。他們帶著自己的未知位在另一個點上，這個時間點比起其他時刻既不壞也不好。不滿僅僅來自於他們以為該是如此。一旦他們沒有找到帶來生命意義、十分重要、讓他們滿意執行的工作，也許他們甚至自認在生命裡失敗。

我並不贊同這個看法。工作可以只是個工作，不需要天命感或處於心流之中。我做過許多工作，其中包括跪在一個香腸攤裡擦地板，說來或許讓你訝異，但我並不覺得如今是個心理學家和作家，所以我的感覺比較正面。

那麼我究竟為何改變生涯規劃呢？原因在於我就是想這麼做。

如果你察覺想要改變的期望，你也同樣可以追求實現這個期望。但請不要以為其他人的職業生涯值得追求，所以才擁有你沒有的東西。

假如你現在是整理藥妝店貨架的店員，但有興趣申請演員學校，那就去做，如果沒有就不要這麼做。允許自己享受真正的奢侈，不要把工作當作通往目標的手段，切莫將工作當成快樂的保證而煉成鑽石。否則你還會繼續在找工作方面體驗自己的無能，因為根本就沒有所謂的正確的職業。

如何離開歧路

＊練習一＊

噓！

為了選擇職業時不受社會認可期望的牽制，弄清楚自己是否無意識地受到這種期望的影響，將會有所幫助。請你試試以下的練習：先暫時不管經濟考量，想像你不可向任何人透露你做什麼工作，或是大學念什麼科系，或是已經拿到什麼學位。也就是在沒有人知道你的背景的情況下，你還會做同樣的事情嗎？會接受同樣的教育嗎？會選擇同一個科系嗎？或是還會上大學嗎？沒有人可以知道你每天做些什麼，那是什麼樣的感覺？如果你永遠維持「不被觀察」，你會怎麼做？

＊練習二＊

追求心流

請列出一張表，寫下你想做的事情。不一定是嗜好，也可以是日常活動如吃飯，或是在網路上閒逛。請你確定至少十件事（如果沒什麼點子，請看一眼書末附錄的「愉快活動表」）。

有人是以這些活動在職業上站穩腳步的嗎？如果有，怎麼辦到的？你必須做什麼才能辦到同樣的事？請你模擬幾個景象，或許你會真的因此勇敢踏上職業的新大陸。

＊練習三＊

刻意去做無意義的事

我們太常把心神花在似乎能帶給我們成就或是設定了目標的事情上。我們的工作和行為需要目標，即使看電視，也是想讓自己獲得娛樂，遠離日常，放鬆。為了這個練習，請你找出一個完全沒有意義的活動。

拋開「我今天必須還要完成什麼」的想法，在工作的倉鼠輪之外做自我體驗。例如播放最喜歡的歌，一邊跳舞，就以適合你的舞步，而非你對很會跳舞的想像方式，你可以在下班之後美妙地進行。或是熟讀一首詩，不是為了下次和朋友聚會有得炫耀，只是熟讀。你可以讓這種活動更簡單一點，好比把手握成拳，然後放開，只是注意其中的差別。或是你把飛盤倒過來放在頭上保持平衡——你的想像力沒有界線！

所以請你做些無意義的事，當你注意到腦子轉向「職業快樂進程」時尤其該這麼做。

3

通往快樂的歧路

第三名：伴侶和家庭

你不想看的時候可以閉上眼睛，但是你不想感受的時候卻不能把心鎖上。——強尼．戴普

他起身走向她，把手放在肩膀上。「我不想餘生只是夢想原本可以如何。留在我身邊，愛麗。」

眼淚湧出眼眶，她低聲說：「我不知道自己是否做得到。」

「可以，你可以的。愛麗……如果我知道你在別人身邊，我一生都不會快樂。我內心某個部分會死去。把我們連在一起的是世上稀有、太過珍貴而無法隨便丟棄的東西。」

她沒有回答。片刻後他溫柔地把她轉過身來，稍微抬起她的下巴，讓她看著他，她淚眼汪汪地凝視他。漫長的沉默之後，他以溫柔的手勢擦去她兩頰的淚水，明白她的眼睛想對他說什麼。

「所以你不會留下來？」他無力地微笑。「你想，但是你辦不到。」

「噢，諾亞……」她低吟，眼睛再度湧上淚水。「拜託試著理解我……」

「我明白你想說什麼——一切都寫在你的眼裡。但是我不想理解，愛麗，我不想我們的故事這樣結束，我根本不想故事結束。但是你現在要離開，然後就是永遠的道別，你我都知道。」她激動啜泣著把額頭貼著他的肩膀。諾亞的手臂環繞著她，必須努力不讓自己的眼淚落下。

「愛麗，如果你真的要走就走吧。我太愛你所以不能拉住你。但是不管生活會帶給我什麼，我永遠不會忘記和你共處的最後這幾天，這是我多年來的夢想。」

他溫柔地吻她，他們就像三天前最初彼此問候時那樣互相擁抱。最後愛麗掙脫他的臂彎，擦掉眼淚。「我必須去拿我的東西，諾亞。」

他沒跟著去，而是沮喪地跌回他的搖椅裡。他看著她消失在房子裡，聽著她的腳步聲。幾分鐘後，她拿著她的手提袋回來，垂著頭走向他……

他們不說一句話，緩慢走向她的車子。他又再次擁抱她，直到他感覺自己的眼睛也湧出眼淚為止。他吻她的嘴唇、雙頰，用手指溫柔地撫摸潮溼的部位。

「我愛你，愛麗。」
「我也愛你。」

直到對方離開我們，我們才會意識到，我們把伴侶關係當成通往快樂的路徑。少了伴侶，如何再度快樂起來？只要再度擁有伴侶，只要事情按該有的方式進行，就覺得生命以美妙的方式變得完美。這時我們經常忘記，身處一段關係之時絕非永遠快樂。

上面的故事片段來自尼可拉斯．史派克的小說，他所有的著作都是紐約時報暢銷書，全球銷售超過一億本。他的故事講的都是讓我們快樂的那種愛情，以及出於某種因素，我們又失去這種快樂所產生的痛苦，可能因為疾病、死亡、戰爭，或是其他的命運打擊。

我們可以從這些故事學到，從來無法因為伴侶而快樂，另一方面這些故事也讓我們產生一種印象，認為理論上可能因此而快樂。這是愛情故事的悲哀和兩難：我們可以因為其他人而變得快樂，但總有些什麼妨礙這種快樂。非常多人幾乎對這種故事上癮，因為藉由愛情故事就能維持可從另一個人身上找到快樂的幻想。

但是並非每個愛情故事都是悲劇，其他這類故事的特徵是喜劇收場。你太熟悉這個句子了：「從此以後，他們快樂又滿足地生活直到生命終點。」這裡也有快樂，我們可以經由和其他人廝守而達到這種快樂。

我們就拿這類受歡迎的愛情與快樂故事和現實做個比較，而且是有史以來最偉大的愛情故事：《羅密歐與茱麗葉》。在故事的最後一幕，羅密歐以為他的茱麗葉已經死在他面前，於是他吞下毒藥。當茱麗葉從假死狀態醒來，看到死去的羅密歐躺在身邊，就用他的匕首自殺，好和他合而為一，擺脫沒有他的生命所帶來的悲傷。

現在請你想像這兩人就這麼結識，沒有家族仇恨阻礙他們的幸福。兩人起初可能會對彼此不感興趣，因為欠缺發展一段禁忌之戀的刺激。或是他們結婚，一起生活，可能有幾個孩子，生命大部分日子都在彼此身邊度過。

我不太熟悉莎士比亞那時的典型伴侶問題，但是如果以二〇一七年來說，這兩個人可能會一直吵架，因為羅密歐讓自己過得很糟，茱麗葉想多和他一起消磨時間。或是茱麗葉的好動被日常生活擠壓，史上最偉大的情侶只是坐在電視前面，塞些垃圾食物。孩子出生之後，這一對必定也經歷過一些結束不了的性冷感。也可能是茱麗葉在臉書認識另一個男人，離婚，於是展開孩子的扶養權爭奪戰。

可以想像的還有：兩個人在一起，但是漸漸過起各自的日子，必須接受伴侶治療，處理兩人缺乏親密感的問題。

《羅密歐與茱麗葉》有許多真實結局替代場景，但我其實想表達的是：請停止相信你可以從另一個人身上找到快樂，這並不正確。要看透任何有關永恆或受阻的愛情快樂，不必看莎士比亞或者尼可拉斯．史派克的作品，主要還是由你本身來敘述。如果你找到適當的伴侶，或是有另一個伴侶，或是你的前情人回到你身邊，你最終依舊不會快樂。

我知道這聽起來有些嚴苛，尤其非常不浪漫。所以接下來我想說明，為何在伴侶不能讓我快樂的前提下，一段關係的價值卻可能超越時間。

直到日常生活將我們分開

我們之所以將快樂和愛情劃上等號，原因在於戀愛的感覺就是那樣美妙。剛發展的戀情和我們對快樂的想像的確很接近。但是那種輕飄飄的感覺並非因為伴侶讓我們看到快樂的存在，而是因為我們一時的荷爾蒙值。

我們的身體這時被多巴胺淹沒，它會讓我們情緒高昂，就和吸毒一樣亢奮，血清素值同時降低，完全就像強迫症患者，戀愛的人終究「被迫」想著最愛的人。此外，荷爾蒙腎上腺素和可體松也產生影響：我們處在正面壓力下，變得主動，願意做任何事，戀愛就像是種了不起的非常狀態。該死的是，我們的伴侶為何不能永遠引發這種快樂的感覺？

我可以告訴你：謝天謝地！否則我們的身體很快就會不堪負荷，正面壓力也是壓力。根據研究，持續的活躍狀態會導致頭痛、注意力不集中、消化不良、躁動、心臟血管循環疾病、免疫系統失調、失眠、食慾降低，甚至造成不舉。因此，請你為戀愛感覺不長久感到開心吧，否則你的身體可能很快就無法表達愛意。我們的生理平衡需要休息，需要日常生活和習慣，好進行更新代謝。

問題在於：我們知道愛情最初帶來的感覺有多美好，經常將之與當前的伴侶感覺做比較。你是否也和我一樣經常聽到「我們之間一開始不是這樣」？但是正如你的伴侶對你最初的荷爾蒙嘉年華無能為力，當關係陷入低潮，一切不那麼美好的時候，他也一樣束手無策。但是我們不願意就這麼算了，至少直到我們不再相信快樂存在之前，我們都以為只是尚未找到正確的伴侶。

以社會學來說，我們今日的伴侶模式變成長期的一夫一妻制，和一個人保持一定時間的關係，（理論上）不欺騙對方，這種關係形式反映我們想常保快樂的努力：一旦我們戀愛的感覺消退，就浮現無解的衝突，或是要經過相當折磨神經的爭執才能解決，簡言之，讓相處變得困難，我們換下一個伴侶，期望這次的正面感受會長存。

伴侶，甚至是曾在結婚聖壇前彼此承諾，不論苦樂依舊相愛互敬的伴侶，很快（平均在五年後）就坐在離婚文件前面，而且每三對夫妻就有一對離婚，沒有人能預料不好的時期竟然感覺如此惡劣。我們能離婚當然是一大進步，不必因為經濟或宗教因素被迫維持婚姻，可惜我們無法出於自願決定維持婚姻。

吊詭的是，沒有任何伴侶能讓我們常保快樂，任何共同生活都會面臨「不好的時期」，這樣的認知反而幫助我們發展穩定關係。**如果我們不再要求伴侶確確實實讓我們快樂，我們就能解除對方這項不可能的任務**。思考一下：你覺得伴侶應該做什麼好讓你快樂？請至少確定有助於你快樂的三件事。如果你剛好沒有伴侶，請你想想潛在的新伴侶如何能讓你快樂。請你把答案寫下來，或是放在腦子裡片刻。

想好了嗎？

也許你的清單上寫著，你的伴侶應該：經常說他愛你，切斷和前情人的聯繫，給你更多自由空間，少工作，多賺點錢，多點親密行為，為你多付出些時間，更能傾聽你的心聲，三不五時帶束花來，寬容，煮一頓晚餐，和你去旅行，把你介紹給雙親認識，讓你驚喜，主動自發，讚美你，認可你的成就，主動一點，被動一點，去找治療師，多做一些家務……

但是要弄清楚，即使你的伴侶達到所有這些要求，也不必然就會引發你快樂的感覺。雖然你這樣想，但是你不知道，如果你的男或女朋友真的帶你去和雙親一同用餐，或是晚上更主動帶你出去玩，你事實上會有什麼感覺。現在請想像你的伴侶正試著讓你一切滿意，卻不可避免的悽慘失敗。你能想像這會對你倆的關係造成什麼樣的影響嗎？

想互相利用當作幸運符的伴侶關係讓人疲累而且磨耗。相反地，如果你不以自己的快樂為目標去經營一段關係，你（以及你的伴侶）就再也不會因為高期望而感情破裂。你們的關係會比較靈活，能配合你兩人的生活，適應高、低潮。讓愛情生活容易些，我們的關係才能展現原來面貌，不會再被拿來和快樂面具比較（你還記得那只是種想像，不符合現實裡任何人的面貌）。承認我們沒有其他人依舊完整，**愛會豐富我們的生命，不再只是達到快樂的手段。**

離開還是留下？雙手一拍，留下！

就和做職業決定一樣，伴侶關係亦如是：不要經由別人而感到快樂，並不等同於因為別人而不快樂。

當你的伴侶讓你難受，你覺得因為這段關係承受負擔，你倆並不同心，你覺得自己沒有伴侶會過得比較好，於是你走上自己的道路。如此一來，關係會再次改變，能產生新的想法或是不會。

無論如何，你的直覺讓你遠離，你也就不再堅持。如果你在這段關係裡一切都沒問題，但是對新事物有興趣的時候，同樣的情況當然也會發生。沒有人能強迫你建立長期伴侶關係，甚至結婚，你可以意識到，沒有任何高潮情緒能持久，一再重新戀愛，享受戀愛，或是再次維持單身。我向你保證，你不會因此錯過極樂。

你或許會問：如果伴侶關係就是條通往快樂的歧路，那又何必和人建立親密關係？確實，你不會在一段關係當中找到快樂，但是除了最初高昂的情緒之外，長期伴侶關係還有其他愜意的面向：信賴感、親近感、受到呵護、彼此相屬的感覺、安全感、獲得支柱、忠實以及愛，都是其中幾個面向。

寫到這裡，我要再向你坦白一件事。我對丈夫說起這章的主題時，他相當驚訝也有點生氣。「我認為他並不能使我快樂」完全不符合他的情況，他有點訝異我究竟為何和他結婚。然而前面列出的價值說明，和別人一起生活，能體驗非常美妙的感受，以及豐富生命，這些比起模糊的快樂想像真實得多，也更持久。

請你給觀察伴侶關係的新「無樂」方式一個機會，然後看看這段關係因此會有何變化。或許你能發現更多關係品質，或是加以發展；當你的愛承受試煉，這些品質就可以掌握，並作為生命的支柱。

幸運兒？

我們不僅希望透過伴侶得到快樂，我們也藉著伴侶承諾一個快樂的家庭。大部分的人不會懷疑孩子是快樂的關鍵，我們會這樣想像：一個小小人兒，一半看起來像母親，另一半像父親；無憂無慮的兒童笑臉；生命的愉悅，因為孩子而達成在世間留下什麼的期望；父母的驕傲；在一個常讓人覺得不安的世界裡，有著家族的牽繫。

我也不曾懷疑：有孩子帶來一些了不起的經歷。每天早上我兒子對我散發光芒，我也散發回去。我喜歡胖嘟嘟的小嬰兒，想要親親抱抱，母親就是他生命的中心。他探索世界的時候，我喜歡觀察他，看他拿著、舔著一把雪鏟好幾個小時，晚上心滿意足地睡著，就連做夢都在微笑。但是我也知道，這個可愛的小東西幾年內就會關上自己的房門，聽著粗鄙的饒舌音樂，抽煙，抽大麻，喝酒，不再回答我的問題。你可以想像，我這身為母親的快樂最後會怎樣。

任何事物都不長久，即使童年的魔法也不是永遠。如果太過流連這個時期，青春期和離巢期會更難以忍受，對父母親以及孩子都一樣。成為父母是種任務，是種責任，有愉快和不愉快的面向，不是通往快樂的鑰匙，研究甚至提出反證。

馬克斯普朗克研究中心和西安大略大學合作，發現生活滿意度從嬰兒誕生之後日趨下降——而且幅度比離婚或是伴侶死亡更急遽。請你想像一下！只有大約百分之三十的受訪者在孩子出生後的感覺，和沒有孩子的時期一樣。聽起來讓人沮喪？那是因為孩子的誕生讓我們以為會達到至高無上的快樂，你越是這麼期望，如果感覺不如想像，失望就越大。

但是也可能不一樣，快樂家庭的形象永遠不會和現實一樣。只要你一再看清，透過家庭頂多只能獲得許多正面經歷和感受，但是其中任何情況都不會帶給你夢想的快樂，你就能免於失望。如果更進一步思考，這其實相當奇妙。你可以接受家庭散發出來的任何感受，而不必覺得有什麼不對勁，覺得有什麼不像應有的樣子。

當上媽媽

以色列社會學家歐爾娜・多納特於二〇一五年發表的研究結果顯示，許多女性的確相信成為母親是通往快樂的道路。例如其中一名參與研究的女性無論如何都想成為母親，但是孩子降臨之後，她卻想著：這是個錯誤。這不是我，這不適合我……對某人正確的事，不見得對別人也正確。

成為母親是不可逆轉的決定。期望藉著孩子誕生獲得的幸福如果沒出現，就有所缺憾，而且是出於無可反駁的信念，沒有孩子的生活可以更快樂些。但這當然不是那麼正確。要是你相信極樂的存在，一味追求極樂，你會讓自己的感受更惡化。你的生活滿意度下降，因為你想著：好極了，我以為會是完全另一個樣子。但是和什麼相比呢？是和憑空抓下來然後套在自己身上的標準。

如果你期望從孩子的誕生或是母親角色獲得快樂，你同樣也會失望，正如你追求職業成就、伴侶關係或是尋求解決問題。母親角色帶給你許多喜悅，沒錯；如果讓你多操心和擔憂，也可以。不管你的角色正帶給你什麼感覺，很快又會改變。

請不要讓想像影響你的經驗。對孩子出生加諸過度期望，可能變成導致「產後情緒低落」的要素，百分之七十的新手媽媽會發生這種情況，百分之四十的母親甚至發生產後憂鬱症。

我曾輔導一個家庭，單親媽媽獨自把兩個孩子撫養長大。有一次她說：「要是知道有孩子是怎麼回事，我一定不要生孩子。」這不是很悲傷嗎？這個女人帶著沒有達到極樂的失望坐在那裡，尤其她兩個孩子都感覺到她的失望。他們基本上也對母親感到失望，雖然他們也知道自己應該有所改變，但是他們怎麼做都不對。

每當我們嘗試透過建立家庭達到絕對滿足，我們就必須讓自己看清，把快樂生活的責任加到孩子身上，甚至加到嬰兒身上。結果是：孩子承受了過度的要求。

請給你的孩子機會，讓他們得以成為自己，而無須承受讓你快樂的重擔。孩子們就像你的伴侶或是你本身一樣無能為力。我們可以為摯愛的人省略生育和帶大孩子之後的莫大失望，只要我們放棄建立家庭就能帶來極樂的想像。

要是這麼做，我們就能接受成為父母究竟是怎麼一回事：刺激的經驗，就像其他經驗一樣不斷變化。

後悔當爸爸？

父親這一邊看起來如何呢？他們也同樣想像為父之樂，沒有因此快樂起來就後悔成為人父嗎？

海利希－波爾基金會二〇一六年有篇文章這麼寫著：「男性能逃脫角色要求，女性不能。男性根本不必因成為父親感到後悔，因為他們可以把父親角色侷限在最小值。」

如果相信這個說法，那麼就意謂著男性幾乎可有可無，他們不會獲得極樂，但值得安慰的是可到別處尋找。女性身陷在她們的母親角色，忙著照顧孩子的時候，男性可以溜到一邊。成為父親比較像是種狀態，而非日常工作。父親因此不必後悔成為父親，因為他們可以把自己「取消」到一定程度。

德國聯邦統計局一項調查結果剛好和這個理論相符：二〇一四年，最小的孩子小於六歲的母親當中，將近四分之一請育兒假，父親卻只有不到百分之一。比起母親，父親和孩子相處的時間的確不長。他們可能認為和孩子在一起的時間不如所想像那樣令人滿足，或者他們就只是維持傳統角色模式，男性工作賺錢，女性照顧後代。

我們進一步檢視第一個原因，快樂的原因：要是放掉你對快樂的不確定想像，身為父親會有什麼收穫？如果你注意到，和孩子共度的時刻充滿愉悅、滿足和好心情，但是也沒有達到你的快樂期望程度，你只想爬回工作崗位，那麼你就讓自己意識到關鍵不在於你，也不在於你的孩子，而是你對擁有孩子的快樂想像，以及我們的情緒持續改變的特質。布萊德．彼特，六個孩子的父親，有一次針對自己為人父母表示：「至今沒有一件事比成為父母帶來更多樂趣，同時也是我曾經歷過最強烈的憤怒。」

重點在於明白你搖擺的感覺不須影響你的行為。你不必害怕和你的孩子共度更多時間，只因你煩躁，或是因為唱了第十次的〈比巴布茲曼在跳舞〉[2]而無聊得要命。否則有一天你可能會後悔「淡出」孩子的教育，和孩子的羈絆沒有後來期望達到的強度。這是你身為父親必須承擔的不可逆決定，你不能追回這段時間。

不過現在許多伴侶有完全不同的角色分配，有些母親在辦公室每周工作六十

2 一首德國兒歌。

小時，也有父親從不嫌疲累，甚至每天唱上五十次的〈比巴布茲曼在跳舞〉。你也許覺得我簡化了「父親角色」和「母親角色」，然而我依然深信，不管你是男性或女性，在這兩個有關為人父母的章節一定會看到自己。

單身？

你可能正處於另一個完全不同的生活狀態，說不上後悔沒有成為父母，但是你很清楚，有些人以為你一定不快樂，只因為沒有伴侶和孩子。也許是同情的眼光，不解的評論（「你沒有孩子？」），或是一直試著幫你做媒，以為你必然想要稍微改變你的狀況。

隨著時間你甚至也相信，如果身邊有個人的確比較好。「快樂單身漢」聽起來比較像安慰地形容剛好在愛情裡走霉運的人，一般不認為值得追求單身沒有孩子的生活，這是種奇特的社會習俗。大部分人會覺得那不是自願發生，因此為單身者感到惋惜，至少從一定的年齡之後。

許多人就是有種幻想，認為孩子和伴侶是老後的快樂保證。圓滿的一生包括後代，以及至少部分時間有「另一半」。但是所有德國家戶整整有百分之四十只有一個人，因此單身並非例外狀態，而是常態。

正如我們所知，私底下有些人的願望甚至和「幸福快樂直到永遠」相反：我只想再度單身，最好是永遠！這個說法是有些誇張，因為「單身」究竟有何意味？我們每個人都身在家庭、朋友或者至少社會關係當中，這些關係同樣能被經營得親愛又周到，甚至比伴侶關係更持久。

有些研究顯示，婚姻和為人父母讓人更幸福，結婚的人比較健康，壽命比較長。但是也有一個有趣的研究，《快樂研究雜誌》將關係狀態、是否有孩子以及幸福程度，和這些要素在各個社會的重要性相衡量，共比較十七個國家，這些國家對婚姻和為人父母各有不同的看重程度，這些重視程度的確影響我們是否滿意自己的生活情況。並非結婚的雙親、有夢幻伴侶和期望的孩子所以最好，而是因為他們有種達成社會貢獻的感覺。此外其他研究也顯示，婚姻、為人父母和生活滿意度之間並無關連，甚至得出相反結論。

因此，第一、單身並不代表孤獨；第二、單身經常帶來社會壓力，這個社會讓我們覺得單身可悲；第三、我們應該意識到，單獨一個人的經驗不同於身在伴侶關係中的經驗，既不值得追求也不值得惋惜。因此，如果你認為有伴侶和孩子讓你的生活比較好，請你記得這只是一種想像而已。

如何離開歧路

（練習一）

真命天子／公主

我們經常假想伴侶要負責讓我們快樂，對方為什麼不像我們所期待的那樣？我們之間為何不再有輕飄飄的感覺？為何伴侶在身邊，我卻依然心情不佳？

每當你對關係感到懷疑，請對自己說：「我的伴侶並不負責讓我快樂。」

藉著這個練習可以擺脫快樂藏在別人身上的幻想。你當然依舊能甩掉你的伴侶，另外找個新的，但是你沒有這麼做，因為你想要由別人讓你快樂。可惜，下一個男人，下一個女人也不會永遠讓你快樂。

＊練習二＊

還有什麼？

身為雙親之一，你經常感到十分矛盾。請允許自己察覺到這種矛盾，而非將感覺分成好、壞，依照你的快樂想像加以評量。事實上你幾乎隨時都有各種感受，大部分時候卻只專注於其中之一，心理學上稱之為選擇性關注。請在日常生活當中刻意自問：「我還感覺到什麼？」

譬如你非常擔心孩子，除此之外你還感覺到什麼？舉個例子：「我擔心同時也充滿希望，希望情況很快有所改變。」或者：「我累壞了，但是我也很驕傲自己處理好一切。」透過這個練習，你能訓練自我覺知，同時也訓練自我，意識到一切不可能是全好或全壞。

練習三

看到全貌

如果你沒有孩子或沒有伴侶，但是深信其中一項，甚至這兩項是你快樂的關鍵，這正是你需要的練習。請你拿一本（新的）筆記本，寫下一張表，列出你對自己有孩子或有伴侶的生活想像：

如果我有個孩子，我就覺得自己像真正的女人／男人。
如果我有伴侶，我就不再覺得孤單。
如果我有個孩子，我就會充滿愛。
如果我有個伴侶，我就會覺得自己受到讚賞。

請你把這張表填滿所有你能想到的說法，給每個觀點加上你認為正面、負面或中性的評點。

有個孩子我就不再能那麼隨興。

我會和伴侶吵架。

透過這個練習你會注意到，有伴侶或孩子的生活並非比較好，只是另一種生活狀態，就像你現在的生活狀態一樣，提供許多愉快和不愉快的面向。

4 通往快樂的歧路

第二名：我們的身體

我沒修正我的鼻子，沒有戴上牙冠，也沒有改名字就到好萊塢了，真令我滿意。

——芭芭拉．史翠珊（Barbra Streisand）

我在德國星報讀到下列頭條：

請不要笑：在紐約一場頒獎典禮上，梅格．萊恩完全變形的臉嚇壞了觀眾。

她是經典愛情電影《當哈利遇上莎莉》裡的明星：梅格．萊恩星期天出席東尼獎頒獎典禮。最佳舞台劇及音樂劇演員獎項在紐約頒發，要發表演說的萊恩卻無法活動自己的臉部。她受盡折磨地擠出一個微笑，一定是注射太多肉毒桿菌。

這篇報導下方附了一張梅格．萊恩的照片，看得我下巴都要掉下來了。這個非常美麗、自然的女演員，我以前那麼喜歡看她主演的電影，這時看起來真的像有人用針線固定她的臉部表情，我湧起無限同情。在網路上讀起來像軼事的文章，事實上揭露可悲的命運：這位女士奮力以人工方式改變身體，好讓她感覺良好。當這種感覺沒有出現，就需要更多，更多手術、更多肉毒桿菌、更多化妝品，減去更多體重。你覺得梅格·萊恩會得到她想要的結果，能以美容手術（重新）感到快樂嗎？

也許你不會走到讓身體接受整型手術這一步，但是你一定知道：我們試著透過改變外表達到內在變化。我們減肥，增加肌肉，剪髮染髮，把身體塗滿化妝品，為了擁有漂亮的皮膚和指甲吞下各種營養品，這一切都是期望因此獲得快樂的生活。但是到目前為止，這些改變的任何一項可曾讓你持續感到快樂？

我們特別打扮，或是又能穿上小一號的牛仔褲，這時我們當然覺得很棒。或許我們還立刻自拍了一張，放到 Instagram 上，每天有超過一百萬張自拍照被傳到社交媒體上，我們也樂得獲得很多讚。但是不管多少人喜歡你的照片，你因此獲得的喜悅還是會消退。一般對美的看法也是一樣：我們會有皺紋、灰髮或掉髮，身材和身體結構會改變，變胖或消瘦，血管突出，微微透出皮膚，我們的背彎下來。要是我們假裝自己會永遠年輕，事情還會更糟。這時我們在別人眼中就顯得可笑，沒有能力「有尊嚴地變老」。

此外，不僅是我們改變自己，對美的理想也會改變。要是你持續努力適應潮流，腦子只想著外觀，就會阻礙你發覺自己其實沒什麼可挑剔。美國 Glamour 雜誌的一項調查顯示，百分之八十的女性表明，看一眼鏡子會讓她們心情變壞！真不可思議。

我在健身中心就看過一些女性，她們站上磅秤之前會先拿下髮箍實在不奇怪。要是我們這般嚴厲評價自身，多一克都嫌多，那麼任何一根白髮，任何一顆痘子都會成為破壞心情的元凶。

對身體的不滿之所以形成，是因為我們相信必須看起來不一樣，而且最好看起來獨一無二，於是我們把自己弄得不可置信地難搞！少見、稀有就是美，因此美的概念常取決於各文化圈而有所不同。

在比較窮困的國家，豐滿的身體是富裕的象徵，被視為具備吸引力（我們非常厭惡的橘皮組織在西北非甚至非常受歡迎）。相反地，在比較富裕的國家很難克制過剩，因此苗條就讓人驚奇。你蒼白的膚色在許多亞洲國家非常受歡迎，因為膚色白的人代表養尊處優。相反地，在西方要曬成古銅色才算美，這是擁有充足時間金錢，能讓自己過好日子的象徵。

在伊朗有許多女性接受鼻子矯正，因為小鼻子少見，因此漂亮。或是更異國風的：想想住在泰國和緬甸之間的長頸族，女性以銅環拉長脖子。以這種方式拉長脖子需要長時間，而且困難，但是脖子越長就越美！

當然，你根本不必拿長頸族的偏好當範例，只要想想每個人對美的想像就好。每個社會也許對美有種集體想像，好比你可能覺得金色長髮很漂亮，你的鄰居相反地卻喜歡深色短髮。有些人喜歡有個像金．卡戴珊的豐臀，但其他人卻去抽脂。任何讓你覺得非常不可思議的，可能受到另一個人的偏愛。

此外不僅文化和個人對美各有想像，就連美的歷史也是如此。許多女性或許期望魯本斯的油畫呈現的女性再度成為美的典型，有些男性渴望回到誘人的羅馬式臃腫，只要不是古希臘或今日的運動員身材。

如果隨時都在變，為什麼美就該成為快樂的關鍵？我們不會永遠美麗，怎麼可能永遠快樂，更別提美的定義不斷在改變，這世界上並沒有超越時空被任何人所認定的美。

風險和副作用

我們可以調整一下身體，如果相信改變外觀就能快樂的話。但是我們也可以對美嗤之以鼻，試著讓身體維持特別健康。因為只有這樣才能讓我們看起來不錯，不是嗎？但是健康究竟意謂著什麼？

世界衛生健康組織於一九四八年如下定義健康：「健康是心理、生理及社會的完全安適狀態，而非僅是沒有疾病和缺陷。」

這個定義相當進步，因為不只把健康理解為沒有疾病。健康比沒有醫師診斷就可回家包含更多：主觀舒適感受是關鍵標準。然而這個定義也助長健康被視為通往快樂的歧路。心理、生理及社會完全安適的狀態，請你思考一下這句話，根本可以和絕對快樂劃上等號！但是有這種狀態嗎？如果我們以此標準衡量，到底有人曾經健康（或快樂）過嗎？

這個烏托邦批判使其他健康模式被提出，例如亞倫．安東諾夫斯基的健康本源學就把健康理解成一種持續狀態。沒有人是絕對生病或健康，健康這個概念只是量表的一端，我們每個人某個時間都會呈現這個狀態。我們有時健康一點，有時不那麼健康，甚至生病。

你或許會想：天啊，我們現在為什麼要說這些枯燥的健康定義？原因很簡單，我想向你展示，健康基本上是隨意的認定。

我們假設佩特拉罹患乳癌好了，她感覺很糟糕也不舒服，確診以來她就對痊癒機率感到悲觀。漢娜羅拉也罹患同樣疾病，但是自從確診之後，感覺卻沒有明顯不同，癌症尚未讓身體產生明顯感覺，心理上她甚至因此和身體產生正面連結，她也確定自己能戰勝疾病。

醫學觀點認定這兩位女士生病，因為兩人都罹患可客觀認定的疾病。世界健康組織可能會說只有佩特拉生病，漢娜羅拉健康；安東諾夫斯基可能會認為這兩位女士或多或少生病或健康，因為漢娜羅拉和佩特拉雖然罹癌，但是身體其他部位以及心理都沒有損害。而我要說：其實完全無所謂！

我們一旦開始為健康下定義，就變成醫師的目標，我們就落入一種想像，以為只要達到這個目標，生活基本上就會變好。但是這並不正確。還是你認識的所有健康人士都快樂？許多人從致命疾病復原，立刻陷入生命危機，擔憂再次生病，和朋友及家人的關係改變，回歸日常生活的路途崎嶇。

我曾在一次例行健康檢查後接到醫師的電話，獲知令人不安的消息，我的子宮頸明顯出現細胞變化。當時我想到子宮頸癌，女性第三常出現的惡性腫瘤，造成全球每年五十萬人死亡。我想立刻恢復健康，問我的醫生應該做什麼。他回答：「什麼都不必做，還沒發展成癌症。就等著，喝杯茶。」

啊？我是不是聽錯了？你要是想像身體的細胞正在變質，也許會讓你陷入困境，不妨鎮定喝杯茶。或是寧可不要去想像這一切，實在太讓人傷神了。但無論如何我認為只要能擺脫這些事情，我一定會非常快樂！

於是我做了各種嘗試：讓一般醫師把我從頭到腳檢查一次，去找順勢療法治療師，進行鹼性飲食計畫，一周多次運動，幾乎不再吃糖，大量飲用羽衣草茶，每晚至少睡七小時，服用營養補充品以強化免疫系統，做三溫暖，做些奇怪的子宮冥想……但都沒有用。每三個月一次檢查之後，我還是接到這可怕的電話通知，他們必須繼續「密切」監控我的身體。接到這種電話三次以後我受夠了，不再有興致勉強自己。

我當然依舊期望恢復健康，但是再也無法積極進行我的健康計畫，只是隨興地吃、睡和運動。三個月後再次檢查，出於未知因素，細胞看起來又變得正常。我不可置信地開心，如釋重負。但是坦白說，我很快就習慣重新獲得的健康，那不是永遠持續的極樂。我很快又心情不好，只要我堵在車陣裡卻趕時間，或是垃圾清運工星期一早上按門鈴，要我開大門，那我也會抓狂。在擔憂和鬆口氣之後，生命再次帶給我其他情緒。

我們不應該將身體和健康視為通往快樂的道路，應該每天仔細體驗身體所帶來的一切，以它原本的面貌。即使我們的健康改善舒適感受，總有一天不由自主地又再次轉壞。這並不意謂我們有什麼不對勁，只要活著就會這樣。這就是美好，活生生的一切都會改變。

我絕非建議你不應該克服疾病，你應該照顧自己，運動，吃蔬菜，接受所有可能的預防檢查，我也是這麼做的。我只是說你的生命即使生病還是會繼續，並且帶給你各種體驗。

一天一顆蘋果

令人不安的醫師來電，威脅生命的疾病，可能都只是例外狀況。因此請讓我們一起看看比較日常但是目前正失去控制的健康領域。

你不覺得人似乎常對自己的飲食有過多想法嗎？很多人顯然想要快樂地吃，於是有許多風潮：超級食物、阿育吠陀飲食、綠色冰沙、混搭食物、排毒飲食、低碳飲食、原始飲食、素食主義、純素主義。這些攝食形態承諾讓我們更安適、健康、健美，或是全面地生活更好。

聽起來像胡扯和烏托邦，但是這些名詞也反映出這個時代的一種必要性：必須思考營養這個主題，因為我們已被各種可能性所淹沒。如今人們在德國幸運地不必經歷戰爭，沒有飢荒，也沒有造成食糧不足的災難。超級市場是滿的，每種食品至少有不同製造商的多種選擇，要怎麼選擇？我們需要找出方向，一種「正確的」飲食方式，遵照某個可依循的指南。只是目前有那麼多方向，為了協助我們做出選擇，於是需要助手幫我們找出協助選擇的助手。也許你已經猜到我想說什麼：思考攝食的壓力可真大啊。

不久前，我曾到波茲坦大學參加一堂研討課，主題是「健康心理學當中的心理診斷」。學生要設計一份有關健康飲食的問卷，其中最大的困難在於必須顧及一項事實，也就是達到某種攝食標準時所承受的壓力，不能超過這種攝食方式的益處，這樣的攝食方式才算健康。換句話說：我為了健康生活而承受莫大壓力，身體於是分泌那樣大量的壓力荷爾蒙，就連我吃的綠花椰菜裡的維他命C都無法克服壓力帶來的負面身體後果。

這當然不是反駁德國營養協會每天要吃上五份蔬果的主張。但是過度關注我們的攝食隱藏一種風險，最壞的情況下，我們會因為營養狂熱而變得盲目，讓我們根本不再察覺我們的努力是否收支平衡。於是我們不再吃得健康快樂，反而給自己帶來傷害。因此，濫用身體當作通往快樂的道路不只讓我們走上歧路，還可能造成嚴重後果。該是停止這麼做的時候了！

如何離開歧路

練習一

享受這一刻活著的感覺

你的身體二十四小時都在對抗細菌、病毒及病原體。有時候健康，有時候生病，然後又健康起來，周而復始。你的情緒也差不多是一樣的狀態：不管現在有多開心，這種喜悅也會消退；不管現在自覺多悲傷，總有一天會再度快樂起來。因此不需要賦予這些情緒過多意義，你可以只把它當作自己活著的跡象。這個事實就夠美妙了！即使是最悲慘的情緒，最惡劣的疾病都會變成你存在的證據。

為了將之內化，想想所有活生生的生命是怎樣持續變化，任何植物、動物和每個人。你全身的細胞平均七年完全更新一次！請你想想變換的這許多情緒、衝動和直覺。然後把問題反過來：有任何活生生的生命是永遠不變的嗎？如果得出的結論是沒有，那麼請好好享受這一刻活著的感覺。

✳ 練習二 ✳

和大象比較

這個練習讓你容易理解，我們受到美麗理想的影響有多大，以及這基本上有多愚蠢。

請你試著說服自己，看起來像隻大象目前正不可思議地流行。你對自己說：「這灰色厚厚的皮膚看起來很棒，這對大耳朵完美！象牙真是錦上添花。」

雖然聽起來有點瘋狂，但請你站在鏡子前面，和大象相比較。你有兩隻眼睛、兩片耳朵，好吧，你只有兩條腿，即使如此。不要忘記還有一張嘴，就和大象一樣。你的鼻子也許比較小。你注意到了嗎，每當你把自己和雜誌裡某個女人或男人相比較，其實就像你拿大象來比較一樣。很怪異，不是嗎？你就是你，為何想看起來像別人？為何應該因此感到快樂？

＊練習三＊

鏡子啊鏡子

我不久前走進一家咖啡廳，必須去上個廁所。洗手的時候，我想稍微照一下鏡子，但是那裡沒有鏡子，洗手台上方只寫著：你看起來不錯。我忍不住微笑，覺得自己被逮個正著，我正想控制我的外表。但為什麼呢？我們應該更常想到，我們的外表沒問題。

你可以拿掉屋子裡的一面鏡子，在原本的位子貼上一張紙，上面寫著類似的好句子。或是你就把這張紙貼在鏡子上臉部的位置，它會提醒你，你現在看起來的樣子好得很！

5 通往快樂的歧路

第一名：靈修與宗教

可以隨心所欲地跑，不管跑到哪裡，只會看到自己的地平線。

——馬克斯・愛特（Max von Eyth）

我曾經參加由基督教會組織的韓國之旅，全團大約六十個人，此行的目的主要是認識韓國，因為許多參加者是在德國長大的韓國人。但是此行也有宗教上的規劃：我們在教會裡過夜，參與基督教企劃案，例如參與為無家者蓋房子，舉行談話會，主題是好比原諒、博愛等等。我發現基督信仰在韓國受到相當重視，如果在韓國參加基督教禮拜，你會看到人們非常熱烈地投入信仰，他們哭泣，大聲祈禱（非常大聲！），勤於傳教，而且非常有紀律地參加禮拜。

有一天我們為無家者蓋房子，我人不太舒服，雙腿因為車上的高溫和久坐而腫脹；我必須休息一天，把雙腳抬高。我在建築地點旁邊休息，有個名叫米娜的旅伴陪著我。我和她只是泛泛之交，但是短暫閒聊之後她就向我坦承，她感到相當絕望。她表示自己為了接近上帝才參加這次旅行，但是根本沒有用！

「我旁邊的人都告訴我，他們感覺到上帝，上帝對他們說話，覺得上帝就在身邊，受到祂的庇護。但我就是沒有感覺到上帝，我不知道還應該做什麼。我以為到了韓國，就會有類似的感覺，但是並沒有。」

我向她保證，上帝也沒有對我說話，這似乎讓她鬆了口氣。但是我越來越明白，這個年輕的女人覺得被團體完全排除在外，這個團體是被深刻宗教經驗凝聚起來的，就她沒有這種經驗。

我們隨興聊天，一來因為我對她的坦白感到驚訝，這種事畢竟不常遇上，在韓國文化裡一定更少見。再者宗教是這麼回事：我當然不可能否定某人和上帝之間的圓滿關係，但是我想以某種方式減輕米娜的壓抑感覺，就因為她自以為沒有能力，沒有發現在她看來必須發現的信仰神的快樂。

老實說吧，宗教，或是普遍說來，靈修是通往快樂的「黃金歧路」！當我們領悟到快樂不能從其他途徑找到之後，就經常走上這條路，以為必然會從「我們內在」找到快樂。於是我們自以為是地前往印度靜修場，到波蘭東海岸去避世，或是走雅可布之路去朝聖。即使只是在家裡冥想，大部分的人這麼做都期望有某種快樂經驗，而非樂於全面感受，享受靜坐。

和其他歧路相較之下，這條歧路最難看透，因為端視宗教而定，甚至常常難以檢驗這條路真的是通往快樂的歧路，還是最終的道路。許多信徒期待的快樂在遙遠的未來，甚至在死後，在天堂或涅槃才實現。這個希望打開任何可能性：理論上一直都可能走在正確的道路上，在通往目標的路線上遇到極樂。在靜修場的時間也許不知何時就顯現效果，即使那是在下輩子。但是如果我們把眼光朝向遙遠的目標，我們活著的時候，這個目標甚至無法證實是真的，但是我們錯過自己生命的機會卻相當大。

不用擔心，要離開這條歧路不需要放棄道德原則，也不必棄絕宗教儀式。祈禱時能分擔我的憂愁和焦慮，或是冥想時放下一切，這必然讓人如釋重負。但是如果期望達到永恆的快樂而這麼做，我們經驗到的一生將有所不足。**只要快樂在未來才實現，當下就不會快樂**。

其實根本無關宗教內涵，也無關我們死後是否真的可能幸福。「果真如此，太棒了！」偶爾這麼想，並且從中獲得安定感也無傷大雅。但是在這一世有這麼多事物可發掘，把時間花在期待死後的生命，或是空等啟示，那不就太可惜了嗎。

一行禪師曾寫道：「因為執著對未來的期望，我們就沒把力量和能力放在當下。我們緊緊依附著這個期望，以為未來會帶來什麼比較好的，以為我們將找到平靜或是上帝的國度。這種期望會變成某種阻礙。如果能放下這種期望，你就能完全進入當下，發現已在眼前的喜悅。」

但現在的情況是，傳統意義所指的宗教如今在我們日常生活中早已是次要角色。當我們環顧四周，隨處都能發現瑜伽教室，察覺不可思議的冥想大流行，翻開任何雜誌，「專注」這個字眼都會躍入眼簾，我們注意到替代宗教興起。這些是我們認為能幫助我們達到快樂的行為。

我並不否認靈修行為可以獲得不尋常的體驗。但是這就等於極樂嗎？在你的冥想課程裡，曾有某人從坐墊上站起來說：「各位，我達到了！我現在已經開悟，我要回家了！」有嗎？

應該沒有。就算我們有這般快樂的經驗，我們執著其中，因為還想要更多、更長久、更好。取而代之發生的是什麼？經驗消逝，「快樂」畢竟又變成我們感覺世界的一種情緒，受限於我們的人類存在和無常。

來自維也納的蘇．布松是系統生活顧問、生活教練和瑜伽教師，她寫下：「發生合一經驗時，自我受侷限的感覺消失，持續短暫片刻，甚至好一會兒，於是我們得知真實——一切存在合一。人們對這類經驗可述說的範圍相當廣泛，從深刻快樂感受的時刻，神祕體驗或令人側目的意識狀態，到完全平靜及內在平和的寧靜感覺。這些經驗的共同點是：這些狀態都會結束。」

那麼為何我們依舊頑固地執著於「替代宗教」，把它變成通往快樂的道路？瑜伽這些承諾我們什麼，這些學說真的能達成的是什麼？

專注是萬靈丹？

我不知道你怎麼想，但是我沒辦法再聽到一次「專注」這個字眼！並非我認為專注這個方式錯誤或多餘，而是因為我們將專注當作所有問題的解方來推銷，至少是削東減西的簡明版。可惜我們經常在媒體，或是膚淺的心理學介入方式看到它。如果在搜尋引擎裡鍵入「專注與快樂」，我們可以獲得五十萬條結果。許多人假定的這個關連性讓我們產生一種印象，好像我們可以一勞永逸地解決問題（你一定還記得這條歧路）。

另一方面，我們覺得似乎需要專注，才能達到療癒狀態，快樂起來。專注被當成操作要素，在各種宗教和靈修傳統（包括基督教、佛教、道教、蘇菲教、瑜伽）都受到莫大歡迎。就連在醫學、心理治療和生活教練都看得到這種方式。如果你到目前都還沒聽過專注這個主題，請讓我為你簡短地以喬恩・卡巴特・津恩的話來解釋一下，他是美國分子生物學家，發展出全球知名的八周正念減壓課程（Mindfulness-Based Stress Reduction，簡稱MBSR）：「專注意謂著以特定方式維持注意力：意識當下而不加以批判。」因此專注是有意識而且毫無保留地認知當下經歷。

專注練習可以是好比注意自己的呼吸。吸氣，感覺空氣進入你的鼻腔，進入氣管，胸骨提起。你注意到肺葉如何膨脹，橫膈膜向下伸展。然後橫隔膜又向上提，肺葉又縮小，胸骨回縮。你感覺到氣息在鼻翼裡。現在請你以這種方式觀察呼吸三回。

也許你專注起來，或者你的思緒曾短暫偏離，以致錯過自己的肺葉如何伸展。即使如此，你還是比今天其他時候更有意識地呼吸，不是嗎？

其實為了專注你根本不必有意識地呼吸。請你意識現在看到的五樣東西，也許是這本書的紙頁，文字的顏色，你拿著書的手指，以及用眼角注意到身體其他部分，地板、書桌，或是你的手機。然後請你注意自己聽到的五個聲音，交通噪音，冰箱的低鳴，翻動書頁發出的簌簌聲，你或室內其他人的呼吸聲。這也是專注練習，但是這種練習有什麼用？

你可能在三次有意識地呼吸當中已經注意到：集中在呼吸上就沒辦法同時胡思亂想，集中力阻止我們的思緒往任何可能的方向亂飄，或是忙著想各種問題。專注包括集中精神，一定程度上有助於我們在練習當中不會陷入「解決—問題」的無限迴圈之中。

此外還常有附加效果，就是讓我們放鬆。放鬆是緊繃的相反，意謂著減少壓力。現代人非常需要放鬆！減少壓力以及分解壓力荷爾蒙可以產生其他正面效應，許多研究證明，有些心理失調的症狀能藉助專注練習加以緩和。焦慮狀態減少，學習和記憶力改善，調整情緒的能力也會增加。

聽起來很棒，也的確如此。我到目前為止提出的許多練習，其實都是專注練習。我在此處討論的重點也非表示宗教、靈修及其俗世化的宗教行為要素「沒有用處」。但是以上各項都不能讓你免於困難的情況、不悅的想法和感覺。我在此處要強調，專注的整套思想正包含上述觀點，這個觀點甚至讓人達到專注。只是這個觀點在一般根本理解之下很快就消失，因為我們那麼期望專注練習能讓我們沒有壓力，比較放鬆，比較快樂。

心理學碩士布麗塔．霍策在哈佛醫學院研究專注等課題，對這方面做出清楚的解釋：「專注當然不是萬靈丹，傳統上被用來教導開智，克服痛苦，達到解脫，而且是條全面道路的一部分。期望從這條全面道路的部分觀點達成小奇蹟並不實際，這樣的期望早晚都會落空。」

因此如果你做了專注練習卻依然會發怒，因為伴侶招惹你，或是因為某人去世而感到深切悲傷，還是觀察呼吸讓你無聊到非常沮喪，這些之所以發生不是因為你做錯了什麼，只因為你是個人！

意識到內心變化帶來的益處只在於，你為自己的行為創造更多自由空間。

假設湯馬斯因為易怒而深深受苦。他時常激動：對排隊的人龍，對他的上司，對他的女友，對交通，對餐廳的服務不佳……他會不時火冒三丈！他在網路上搜尋這個問題，發現一篇有關專注的文章。湯馬斯照著其中描述的建議，開始認知自身發生什麼事。非常緩慢地，在他開始怒罵其他駕駛是無能的白癡之前，他能注意到自己的憤怒。他有時間決定反制怒氣，想出方法來，認知他正瘋狂發怒。幾分鐘後，怒氣已經消退，半個小時後完全消失無蹤，直到有個白癡在他眼前佔走停車位……

我藉著這個例子想說明的是，專注永遠不會讓我們不再出現討厭的想法和感覺。專注很能幫助我們更加認識自我，在可疑情況下為我們的行為做出比較好的決定（不管出於任何因素）。我覺得挺好的，如果我能成功，我就用。但是它和任何快樂狀態一點關係都沒有。

此處此刻

請讓我們深入討論前述喬恩．卡巴特．津恩的定義：停留在現下這一刻。一行禪師的話裡也提到「當下」，甚至在有關發現喜悅的段落中也被提出。

我猜很多人會非常愧疚，因為他們不常身在此處此刻，那畢竟真的是快樂的關鍵之一，許多人因此擺脫不愉快的感覺和想法。例如艾克哈特・托勒，我讀過他的全球暢銷書《當下的力量》。

他在書裡寫著，他穿過現在這道「門」達到「難以言喻的幸福和極樂」。接著又說：「會出現一個階段，這時身體和物質有一段時間完全沒在我身上留下什麼。我沒有牽絆，沒有工作，沒有家，沒有社會定義的身分。將近兩年的時間，我坐在公園長凳上，處在深層喜悅的狀態中。」

如此這般。最深層喜悅的這種狀態，每個人當然都想要！但是請你思考一下，我們四周的世界看起來會是什麼樣子，要是每個人只是充滿喜悅坐在公園長凳上：再也沒有人在醫院裡照料病患，超市裡沒有人賣東西給你，垃圾也沒人收，死者不再被追禱和埋葬，孩子和嬰兒不再有人照顧，我們不再為彼此付出，因為每個人都獨處於自身幸福之中。

即使經由此處此刻可能達到持續的喜悅狀態，那真的值得追求的嗎？或者，我們完全投入當下這一刻，會不會總有一天就等同逃避現實？

想到明天以及回想過去經驗的能力非常美妙，我們因此能影響事物有其價值。不能抓住腦子裡的記憶或計畫的人，就像癡呆症患者，沒有協助就無法處理日常生活。因此，你不被此處和此刻所侷限，而是能加以選擇，請你為自己這樣的能力感到高興和感激。要是觀察遊戲中的孩子，總難免感嘆地說：「他們是那麼投入此時此刻。」

我們期望回到這個無憂無慮的狀態。但是孩子能這樣生活，原因在於我們身為成年人運用理智去反思、計畫、組織，簡言之：利用對過去和未來的想像力創造了這樣的生活條件。這並非反駁「活在當下」的概念，而是提醒自己保持相關意識。好比：「啊哈，我注意到，一段時間以來我都在考慮，誰明天到幼稚園去接孩子。」重點是你不要把專注狀態看得比念頭本身好。

你仔細想想，唯有你把當下和未來及過去相提並論，當下才有意義，今日相對於昨天和明天而定義。我們經常以為知道何謂「此處與當下」，但是審視一下你的設想：「現在這一刻」是什麼意思？持續多久？在你認知到當下的這一刻，它其實已經成為過去。當你繼續玩著這個遊戲，你可以把時間分成越來越小的單位，其中哪一個是「現在」？你究竟想停留在哪裡？

我們一般習慣將現實分成三個時區：過去、現在和未來，可是這個區分終究並不存在。要是你以為「當下」的生活能讓你快樂，你就把（其實不存在的）快樂想像和（其實不存在的）時間向度連結起來，結果會是什麼？無論如何不是永恆的快樂。

我們的思緒經常忙著處理周遭事物，譬如躺在沙灘上卻想著報稅的事情。思索太多煩惱、待辦事項和回憶的時候，周遭的生活依舊進行，於是我們感覺自我疏離。但是如果只忙著處理真的發生在周圍的事情，生活也不是那麼有意義。因此當你躺在沙灘上，只要想著皮膚上的溫暖以及臀部底下的沙子，這就是日光浴。你記住過往經驗的能力，以及你的預見能力，運用這些能力，好為自己和其他人準備些什麼，都是無以衡量的特質。

你想像過去、現在和未來就像充滿氦氣的氣球，要同時上升，氦氣就是時間，你的注意力正朝向現在、未來或過去。如果你允許自己大致同時考慮三個部分，既沒有陷入昨天或明天的思緒的風險，也不會傾向停留在持續的此處當下（不管你如何理解），體驗專注的存在，乃至於不再思考。

不管你做什麼，譬如集中在宗教信仰、專注練習還是冥想、瑜伽練習或任何形式的靈修：你都不會因此達到極樂。上帝無法讓你免於哀傷，專注不會讓你不再生氣，一切都不由你作主。就連耶穌、教宗、佛、上師、瑜伽師、冥想大師或專注治療師，不管過去、現在也有這種不舒服的感覺，這就是生命的一部分。

如何離開歧路

＊練習一＊

沒有目的

你從職業成就那一章已經看過類似形式的練習。當你從事某些宗教或靈修活動，好比參加禮拜、祈禱、冥想、做瑜伽或是練習專注，你的作為不必有所成就，這個想法能減輕你的心理負擔。在靈修活動中間或之後請對自己說：「我做瑜伽，只為了做瑜伽。」或是「我祈禱，只為了祈禱。」

聽起來或許奇怪，但是你會注意到「背離」快樂期望意謂著重視行為本身。

練習二

沒有時間

你記得我對此處與當下所做的哲學思考嗎？那到底是什麼？你可以隨時隨地做這個練習，所需要的只是你的想像力。

請閉上眼睛，覺知當你察覺的時候，每一刻立即成為過去。請你刻意地覺知此處及當下，把這一刻切成越來越細的片段：秒、毫秒、微秒、奈米秒，哪一個是當下？何處開始又在何處結束？完全不是為了找到理性的答案，你只是注意到，質疑習慣的時間切分是什麼樣的感覺。你會發現基本上既沒有過去、現在、也沒有未來，這一切都只是認定和混沌的想像，時間就像無法分割的河流。

請你享受在這條沒有時間分割的河裡順勢逐流，不再把自己桎梏於此處當下的想像裡。

練習三

說清楚

和好朋友聚會，交換彼此對宗教和靈修的經驗。請記住我前一個例子，我們經常感覺惡劣，因為沒有坦誠地對話，也不敘述沒有感覺到上帝的經驗，或是做瑜伽的時候只想著晚餐，或是此處和當下對我們的意義只不過像掉出來的口香糖。如果覺得靈修這個談話主題太做作，請你就像我這樣展開談話：「喂，我最近讀到一本奇怪的書，作者說我們終究不能讓自己快樂，不管做瑜伽還什麼的都不行。你怎麼想？」請你以此築起通往友人的橋梁，讓自己得知他人怎麼尋找快樂。結果可能讓你如釋重負，因為快樂的假象被揭穿。

第 2 部

如何重新發現生命

6

邀請生命

如果沒有覺知的能力，就不能體驗現象任何神奇及可怖之處。

——詠給・明就仁波切（Zongey Mingyur Rinpoche）

這本書要傳遞的訊息很容易被誤解，好比：沒有快樂，一切都沒有意義，不管你做什麼，永遠不會覺得比較好。尤其讀完前面幾章之後，你可能有些沮喪。太棒了！這正是第一部〈為何世上沒有快樂〉的目的。

我嘗試讓你產生的狀態，在心理學上被稱為創造性無望。我喜歡這個概念，因這兩個詞原本毫不相干。有創意，這個詞讓我們聯想到生命、源源不絕的點子、生產力。無望呢？聯想到空虛、停滯、哀傷。這有什麼意思？為了回答這個問題，請你在看完〈為何世上沒有快樂〉之後，提出下列問題：

為了找到快樂，你做了什麼？

產生任何作用了嗎？

到目前為止，尋找快樂讓你付出什麼代價？

因為尋找快樂，你因此拒絕或錯過其他哪些經驗？

如果你曾找到快樂，根本不會讀這本書；我如果曾經找到快樂，也不會寫這本書。因為我們都沒能持續保持快樂，要回答上述問題就讓我們感到相當絕望。創造性無望的意義之一正是：我們會明白至今持續改善生活的嘗試都失敗了，不滿不會因為我們的努力完全被排除，一旦我們加以對抗，不滿甚至還會增加。

但是在這種感覺之中也有創造全新局面的可能性，以極不尋常的方式重新發現生命。最後我們手足無措而且筋疲力盡，放棄追尋快樂讓我們不必再感到沮喪和失望，但是我們該拿生命怎麼辦？

也許你已經注意到，這本書還有些東西可看，現在你知道為什麼了：認知無望後面藏著真正寶貴之物。你有種無法預測的潛力，可徹底品嘗生命，賦予生命更深的意義，不管你是否貢獻或達到什麼。好奇嗎？那麼請你和我們一起重新發現生命。

有巧克力和沒有巧克力那一面

你知道得和我一樣清楚，生命不只有塗滿巧克力的那一面：每天的情緒小低潮、沒有興致、無聊、沮喪、不滿、壓力、憤怒、無助、自覺沒有價值，心靈沉痛和受傷，悲傷，齧心的煩憂，害怕孤單、疾病和死亡……我還可以把這份清單繼續加長，你一定也可以。

我們究竟為何尋找快樂的原因在於，我們不知道如何處理生命沒有巧克力的那一面。生命可能非常非常可怕！要是我們不能寄望只要轉動正確的螺絲，喀啦！一切就變得完美，那我們該如何自處？

唯有我們相信自己有能力掌控生命沒有巧克力的那一面，才能放棄對快樂的期望，發現這種能力正是接下來的主題。

先稍微分析一下我們的生活危機。**其實有問題的根本不是困難的事件或處**

境，而是連結這些事件或處境的想法和感覺。思考一下，你在世界上最愛的那個人總有一天會死去，最初這只是單純的事實。這個事實只有在我們能夠加以思考，並因此產生感覺的時候才變糟。這些想法和感覺一點都不舒服，甚至讓人如此不安，使我們感到十分恐懼。因此我們擔心的不是會發生的事，而是不安的想法和感覺導致焦慮。

這種感覺讓我們癱瘓，阻止我們每天懷抱好奇心投入生命，導致我們不能完全品嘗生命巧克力的那一面。舉個例子，鄔塔不想再投入親密關係，因為她怕受傷。她嘗試避免傷害的時候，就自行阻斷體驗伴侶關係美好一面的機會。又或者像拉爾夫，有天賦的歌手，但是因為他太害怕失敗而無法登上舞台，於是他的歌聲無法取悅任何人。

親友陷入困難的生命處境時，許多人也避免陪在他們身邊，因為他們不想面對自己受到的傷害，害怕接觸特定課題，於是排斥接近他人、親密感以及在這類情況下會產生的同情感受，反而敬而遠之。我不只遇到一次，這些人無法去探視病危的親人，或是參加他們的葬禮。

如果發生在別人身上，我們或許還能和這些不舒服的情況保持距離，但是這些不受歡迎的命運遲早迎頭趕上，我們再也無法避免自己的想法及感受。因此建議你抽走憂慮的根本，認知面對憂慮的可能性。如果你能辦到這一點，會有許多好處：

你不必再維持快樂的幻象，自然而然地就重視自己的生命。

你發現自己個性裡全新的一面，對這一面加深體驗，也就是紮實的生活。

你可以成為自己想當的那個人，在困難的處境下，和自己以及他人站在一起。

你達到無比真實、信賴自己、獨立自主、生命愉悅以及從容。

戰鬥，戰鬥，戰鬥

想一下，你平常如何處理不愉快的想法和感覺。假設你和兄弟吵架，因為他拒絕幫你搬家。你生氣、失望，心裡降低對他的評價，直到你良心不安為止。你開始鑽牛角尖，自問你的家庭出了什麼錯，為什麼總會發生這些爭吵。此外你真的煩惱該怎麼解決搬家的瑣事，覺得無助，如果就連家人都不幫忙，還有誰會？你於是經歷一連串不愉快的想法和感覺。

你的腦子已經開始想要找辦法解開心結，你分析情況：為何一再發生？怪罪自己：為何沒人想幫助我？此外，因為你氣自己的兄弟，結果心情不好甚至想著：這個該死的白癡，我恨他！但是，誰會這麼想自己的兄弟？你覺得自己真是硬心腸，無比易怒。

你開始無意識地和自己的感覺及想法辯論起來，一會兒是你兄弟的錯，一會兒是你的錯，又一會兒是你們兩個都無能。你製造越來越多不愉快的想法和感覺，完全自動自發。本來想改變自己的經歷，卻變成內在辯論的溫床，一點也沒有改變情況，更沒有讓你有建設性地處理問題。

這個反應完全正常。美國心理學家瓦特．卡農描述生物在危險狀態下如何行動：不是開始戰鬥，就是腳底抹油開溜。英國心理學家傑佛瑞．亞倫．葛雷在上述兩種反應之外又另加一種，也就是恐懼呆滯，動也不能動。

覺得熟悉嗎？當我們以為受到想法或感覺的威脅，就會採取這般舉動。我們試著對抗它們，嘗試以不同方式理解、分析或正面思考來消解他們。我們逃避它們，讓自己分心，玩電腦，看電視，喝酒甚至吸毒和嗑藥。或是我們「呆滯」，絕望而且根本不再清楚自己該怎麼做，這些都是自然反應。

我們天生具備這樣的機轉，以抵禦不愉快的經驗，不想要不愉快的經驗，不想我們所想，不感覺我們所感覺。這些不同的迴避策略是一個主要心理學概念的形式，我們接下來要進一步理解。

經驗迴避

根據美國心理學家也是教授和作家史蒂芬．C．海斯的說法，所謂「經驗迴避」意指「嘗試避免念頭、感覺、記憶、身體感受和其他體驗，即使長期下來會帶來負面結果」。

我們很熟悉經驗迴避，譬如害怕在眾人面前發言，放棄公開登場；不喜歡爭吵，因此避免見到特定的人；沒興趣花力氣就根本不運動。

這樣有問題嗎？一點也沒有。只要我們覺得經驗迴避沒問題，我們就不必多想。但是如果妨礙我們的職業生涯，只因我們害怕上場做簡報，害怕關係會破裂，因為我們不再和他人辯論，或是我們因為缺乏運動而導致身體生病，那麼我們就應該找出打破惡性循環的方式。

經驗迴避帶給我們的只是短暫輕鬆——感謝老天爺，我不必在會議上站在台前說些什麼！——我們的舉止會因此強化並且繼續維持下去，即使長期而言會讓我們處於劣勢。

經驗迴避會導致我們比較少有正面經歷等等，這是項有趣的事實。當我們嘗試遠離一切不愉快，相對也會錯過愉快的事情！譬如你看太多次《鐵達尼號》，於是害怕搭船，如此一來你就錯過站在甲板上的美妙感受、觀察魚的機會，也錯過乘風隨波的自由感覺。

此外經驗迴避也會帶來心靈負擔及憂慮，持續想著必須如何避免什麼的人，常因此覺得不安和受苦。許多研究證實經驗迴避和心理疾病相關，即使自殺也是經驗迴避的一種形式，決定不再承受不愉快的想法和感覺，也不必再知道其他解決方式。其實根本沒有逃離不愉快念頭和感覺的途徑。如果你嘗試壓抑某個想法或是感覺，它還會再出現，或是更常出現，而且比之前更不愉快，這些都已經透過實驗證實。

但是我們能學習有效率地處理我們的想法和感覺，前提是必須正視這些不愉快的事實：我們的「天然」策略——驅逐不受歡迎的想法和感覺必然失敗——此外還會讓我們更加深陷不愉快感受的沼澤。

看不見的惡魔

來描述一下我個人的沼澤版本吧。小時候我曾被一個可怕的想法糾纏，幼稚園裡有個朋友告訴我，她到市集去，有一匹馬直直朝她衝過來。這一幕浮現在我腦海裡好幾個星期，雖然我根本沒有親眼看到，也不知道是否真的發生。每當朋友告訴我，他們在家裡看過什麼恐怖片和犯罪電影，並且繪聲繪影地對我描述這些影片，我的腦子就會讓這些畫面活靈活現，以致晚上根本無法入睡，當時的我真的嚇壞了。從那時起我就常被自己的想法和感覺壓迫，就像被自己的影子追捕一樣！相當折磨人，足以把人逼入絕境。

我到今天還是不太能消化負面的新聞報導，要是報導了某處發生戰爭或恐怖攻擊，對我而言就像坦克車直接開進臥室一樣。我無法擺脫這種恐怖和無法解釋的不公不義。

隨著時間，我還經歷了一些命運的打擊和悲劇。高中畢業考期間，有個同學自殺了。我甚至說不出來我和她是不是好朋友，但還是深受驚嚇，這件事影響我的感覺和想法多年。我們的腦子就像電腦一樣運作，最後使用的檔案會一直出現在眼前，總有一天我們會以為只剩下這種負面想法和感覺。

我生命當中有些時期就這麼被困在自己的腦子裡，不知道該怎麼突破。我幾乎無法對任何事情集中精神，心理學上來說，我正因為強迫想法而受苦，不斷出現的想法導致心理負擔。而且我不僅受到這些想法本身的干擾，還有我對這些想法的看法。我很快深信：「這不正常，我有些什麼非常不對勁，我完全錯亂。」

長時間認同我對自身的看法，不一定讓事情變好。有個治療師建議我，只要持續把這些干擾的想法趕出我的經歷就好了，丟掉，就像把喝醉的人丟出餐廳。我試過了。也許你已經知道把自己的想法趕出腦子有多少成功機會，差不多就像你想把水從潮溼裡趕走一樣。

我讀過許多自助的書籍，所有的作者都建議以正面思考改變想法，進而改變感覺，認為這是可行的方法。我在一本關於快樂的暢銷書讀到一個譬喻，這個譬喻的出發點是我們有本「內心相簿」。我們應該像編排真正的相簿那樣，把這本內心相簿排滿快樂的照片。

那本書上是這麼寫的：「刪除你不愉快的記憶，把它們丟進垃圾桶，它們不屬於這本相簿。請你以正面的記憶取代，那種你在『真正的』相簿裡也想要有的記憶。把你感受到的快樂貼進去，比如你和伴侶和好那一刻，不期然的時刻體會到真正的友誼，以及任何烏雲散去，極美的太陽閃耀而出的時刻。」

還有一些建議譬如讓想法繼續流動，「就像懸在天邊的雲」。這個練習讓我幾乎抓狂，因為一直都是同一朵該死的雲飛過天空！我快瘋了，那些做得到的人究竟活在什麼樣的世界，能「刪除」他們的想法，以「正面想法取代」或是乾脆「驅逐」這些想法？

幸運的是沒有任何事物永恆存在，就連腦子裡的懸疑電影也不會，於是我總會在某個時候從中復原，但不久之後又會開始同樣的事情，於是我又自問：我在自己的腦子裡怎麼撐過去的？

雖然你不一定和我有同樣的經驗，但是你一定承受過不愉快的想法和感覺。你可能抗拒過某種上癮症狀，或是害怕失落，沒來由的悲傷，感覺寂寞或忌妒，失戀，因為怒氣勃發而受苦，一直擔心，或是整天斷斷續續想著「別人比我快樂得多，我一定做錯什麼」。也許你有情感上的「疏離感」，幾乎無法捉摸自己的想法和感覺。

我們每個人都有自己的故事。

想法和感覺不像滾向我們的巨大岩石一般清晰可見，但我們還是會覺得受到無比的威脅。不可見讓一切變得更糟！不管身在何處都覺得不安，任何時候都可能受到突襲。但如果我們的對手根本不存在，我們究竟怕什麼？擔憂、悲傷或憤怒，甚至一再想著「我癡肥而醜陋」……這些想法為何讓我們不安？這個問題並不尋常，不是嗎？但為了重新發現生命，我們必須對自己提出這個問題。那麼當你沒有找到快樂，心情不好，你在意的究竟是什麼？

為何我們拒絕「不好」的想法和感覺

有三個原因。主要的原因：你相信自己的想法。如果想著：我癡肥而醜陋！你就相信自己癡肥而醜陋。但這只是你的想法而已，我們常把想法和現實弄混了，這個現象要因為語言才出現。假設你沒有以語言思考的能力，我們所有的

「問題」幾乎都會因此煙消雲散，我們不能再繼續內心獨白。印度哲學家龍樹說：「語言傳達的並不存在，思想層面並不存在。」

請從這個觀點看一下你的經歷。我們所有的問題當然不會因此消失，卻可以和它們拉開距離，稍後再來談這一點。

感覺和想法干擾我們的第二個原因在於，我們生理上就是設計成要讓生活良好推進。你還記得前面曾提到，演化樂於看見所有問題都被解決掉，好讓你獲得最好的存活機會。在這個條件下，出現負面的想法和感覺就是問題。

第三，我們學到的事實是感覺「不好」和想法「惡劣」就是錯誤，我們擔憂「壞」想法和感覺導致可怕的生活。這個觀點反映在生活智慧當中大致如下：「注意你的想法，因為它們是行為的起點。」或是：「生活的快樂取決於你想法的本質。」

覺得這些話似曾相識？但我要告訴你，這些話根本就是垃圾，完全不正確。想法不是我們行為的起點，也完全不必然和我們的生活方式有關。以下我會向你證明。

請你想著現在要穿上鞋子，開車或走路到超市去，買一瓶番茄醬。想像超市看起來是什麼樣子，你怎麼從貨架上拿下番茄醬，結帳然後帶回家。接著你躺到浴缸裡，打開瓶罐，享受地聞著番茄醬，一邊把紅色的醬汁倒到頭上，一邊唱著披頭四的〈黃色潛水艇〉。

如果你一邊讀一邊正準備要穿上鞋子，我會非常驚訝，因為一切會是個災難！你的思緒跟隨我奇特的指示，並不意味著就要將之轉換成行動。

就好比我已經想像過幾次怎麼扭一個人的脖子，但我並未因此被調查拘禁。我曾陷在一段不順利的關係當中，那時我不斷生前伴侶的氣。每天早上只要他走進浴室，我就想從廚房拿把刀，刺進他的身體，然後我真的跟在他後面進浴室！好可怕啊。我不想要這個想法，而且和我的現實（我甚至不會傷害蒼蠅）一點都不吻合。但是這個想法還是會浮現。我石器時代腦子的解決問題反應也許正尋找某個機會擺脫這個傢伙，於是就暫時浮現這一幕。即使如此我還是很能夠拒絕照這樣行動。

你從來沒有過這樣的想法？那麼也許你曾有過的是下列想像：當你登上高處，不管是艾菲爾鐵塔，還是身在高空中的飛機，又或者開車到山上，正沿著深谷邊行進，你腦海曾閃過掉落的一幕嗎？也許你甚至把墜落想像得十分真切，這也只是你的腦子想指出危險，把這個意象傳給你。有時我們會被這樣的影像困住一段時間，有個熟人曾告訴我，他腦海裡一整個星期都有個奇特的畫面，是他切到自己的手指。他根本不知道為什麼這個畫面如影隨形，他迷惑得快瘋了。

再舉一個例子：有個和我交好的治療師和朋友坐在陽台上，談話變得有些平淡。她能接受朋友的拜訪慢慢接近尾聲，但是對方一點表示都沒有。她覺得無聊，眼神落到對面陽台一條飛揚的繩子。你猜到了，她腦海浮現自己上吊的畫面幾秒鐘！就因為無聊！

只要我們不被這些畫面干擾，把它們當回事，這些想法就不會對我們形成問題。但是想像一下，此刻你腦子裡不斷想著孩子在回家的路上可能發生什麼事。起初可能只是短暫閃現的念頭，但是很快就變成小故事，讓你越來越焦慮。當你的孩子比平常晚半個小時到家，你就慌亂起來。

或是你正身在一段伴侶關係當中，某個人的影像卻不斷出現在腦海，你問自己：「這樣沒問題嗎？我愛上這個人了嗎？我還愛著我的伴侶嗎？為什麼我無法克制一再想到某某人呢？我不要這樣！」

在你發覺之前，你的想法和感覺就已經把你完全包圍。要是你不知道如何處理這些或類似的感覺及想法，你有可能把自己的生活變成地獄。因此我在此想再次提醒你這一章的主旨和目的：我想鼓勵你認識生命的所有面向，向你保證你有能力從容地任由一切保持原樣。你不需要對快樂有所想像，但是當我們既不抗拒我們的經歷，也不逃避它們，同時不受其影響而沉陷其中時，那麼我們要做什麼？

像旁觀者一樣觀察——硬幣練習

不愉快的想法這般干擾還有第四個原因：我們把它和自己劃上等號。我們不想變成說謊的伴侶、焦慮的雙親、瘋狂的精神病患，或是無聊到自殺的人。只要我們認為腦中的想法和感覺就是我們的本質，可以決定我們的生活，我們必然而且理所當然地壓抑大部分的經驗，甚至加以改變、抗拒或逃避。

我最近在一本心理學雜誌讀到一段貼切的文字：「沒有人想被送進精神病院，只因為他以為自己被黑暗力量迫害。」意思就是說：不管腦內小劇場多麼頻繁上演都沒關係，重要的是我們如何反應。即使你整天出現傷害自己、攻擊性和偏激的想法，如果你能辦到不要對這些想法有所反應，它們就無法以任何方式影響你的生活。

一旦我們開始把自我認同成這些想法和感覺，以專業術語來說，就是和它們融合，就會產生問題。但吊詭的是我們通常根本不會注意到。

想像你把一個硬幣頂在頭上一段時間，卻一無所知。你以為想法和感覺就是你，事實上我們的存在不能和我們的想法劃上等號，更何況你絕沒有被迫從你的想法反推到你個人。你的腦子不斷製造念頭和感覺，就連睡覺的時候也沒停止。你的腦子提供你可能的問題解答，幻想出另一個伴侶，描繪出未來，從過去加以判斷，以畫面或文字警示危險，提供行動建議，還會自行評估。

請想像你正在煮一大鍋湯，裡面放滿各種材料：魚骨、馬鈴薯、蝦子、番茄、大骨、雞腳、薑、辣椒條、月桂葉、麵包切片……湯煮開了，材料就一直被推上表層。你可以放更多東西到湯裡，或是夾出任何你喜歡吃的東西，鍋裡當然也會出現不能吃、你不喜歡吃的東西。

你的「念頭湯」正是這般作用——你的腦子不停地提供你些什麼東西，但不是所有的（通常甚至相當少）都派得上用場。

你每天都能經歷到你的腦子自行其是，它按照自己的機制運作，沒有你的同意就過濾你的覺知。你不再注意到開車的時候如何換檔，或是鎖上家門。你能記得的事情也不是你有意識選擇出來，遺忘同樣擺脫你意識的影響力。想法和感覺隨意浮現就是這麼回事。你當然可以非常刻意地想出一個句子，但是你的腦子一定已經準備好一個答案，是你不一定計畫好的。再用一次前文的湯鍋比喻：你當然可以把蘑菇放進去，但是下一樣煮到浮起來的也許是洋蔥。

只要你把自我認同成湯裡的材料，也就是你的想法和感覺，它們就決定你的自我形象，足以影響你的行為。但這絕非必然！例如你受邀面談，雖然想著「天啊，我辦不到，我無能」，但這些句子對你並沒有影響，只是一些文字而已。你可以讓腦子展開它的計畫，但是你毫不疑惑地一邊和未來的上司談話。

請你就讓那鍋湯繼續煮，和自己的腦子討論太累了，因為頭腦受演化影響，不僅容易疑懼、擔憂還非常挑剔。紐約大學曾做過一份研究，他們要求受測者正面積極幻想未來，卻發現以正面想法覆蓋負面想法也沒有用，只會造成負擔過度，奪走你的能量。滑鐵盧大學和新布魯斯維克大學的研究則探索正面認定的效應，結果令人驚訝：自我價值感比較低的受測者如果重複「我是值得被珍愛的人」這個句子，實驗之後的感覺變得更糟。

和一般廣泛認定相反，樂觀主義和積極想法能改善感受已經被許多研究結果否定。甚至有些研究指出，悲觀主義和負面想法使人提高效率和促成個人成長。因此請忘記你對「正面心理」的想像，以愉快想法對抗不愉快想法最終對你一點用處也沒有，那只不過是在你的念頭湯裡撒些糖罷了。

至於逃避這些想法和感覺，短期間也許讓你輕鬆些，停止想像對話，但是長期來看，你的逃避行為會擠壓你的自我意識、情緒和職業成就。

朝向「解離」就是解除你將想法及感覺認同為自我，第一步就在於意識到頭上的那枚硬幣，並且取下來。但要如何辦到？

請你有感地向後退一步，傾聽自己的想法，就像聽著一場對話。你的想法在哪裡？在前方？在內心裡？在額頭後面還是在整個身體之中？身體裡某處？這是你自己的聲音嗎？它改變了你的情緒，或是情緒沒有變化？請讓自己意識到，你的想法由語句組成，而語句由單字組成。如果你把同樣的單字做不同組合，突然間就產生新的意義。你能分別這些語句、單字和意義嗎？這對你想法的可信度有何影響？

如果你發現內在圖像、記憶、感受，它們看起來是什麼樣子？請嘗試找出所有細節，就像你第一次注意到它們。對感覺也進行同樣的步驟，感覺位在哪裡？焦慮或憤怒是什麼樣的感覺？你會熱起來還是發冷？你察覺行為的衝動還是僵住不動？

也許你注意到，透過觀察，你和你的想法及感覺之間產生一個距離，給你一些活動空間，即使想法和感覺並沒有消失。

在閱讀下一個步驟之前，請你至少嘗試這樣注視某個想法，就像它是你不熟悉的物體。不需要是「具有感情」的想法，你也可以把我荒謬的番茄醬場景想過一遍，像旁觀者一樣觀察，就像你正觀看一部（相當荒誕的）電影。

旋轉木馬

不久前，我和一位八十三歲的女士聊天，她有睡眠失調的問題。她告訴我，只要一躺到床上就想到自己的「七宗死罪」，然後就再也無法入睡。這些想法、內心圖像和感覺太可怕，她覺得自己被它們抓住了。我總結她的描述說：「你覺得和自己的想法一起團團轉，就像坐在旋轉木馬上。」她回答：「就是這樣，太可怕了。你試試從正在旋轉的木馬上跳下來看看！」

一個不可能或至少非常危險的舉動，不是嗎？

當我們不那麼容易擺脫自己的想法和感覺，感覺起來就像這樣。藉助某些練習，我們真的可以把某些想法像硬幣一樣取下，但有一些想法卻黏得很牢，就像我們被固定在旋轉木馬上一樣，無助地被推到目眩神搖的高度，這是相當可怕的感覺。想停止這個旋轉木馬並沒有意義，只能希望它總有一天停止，我們不再胡思亂想。但其實還有另一個可能性。

如果你已經試過硬幣練習，也許已經能興味盎然地觀察自己的想法和感覺。這個過程的合理結果是：有些東西能被觀察，還有一些是觀察者。請你環顧目前所處的空間，找出一樣東西。假設你挑選的是床頭燈，注視它幾秒鐘，記錄你內在有些什麼正在覺知這個床頭燈，但不將之認知為「燈」。開始！

也許你的腦子除了這個練習同時還發出一些評論：「這什麼怪異的練習！那當然是我的床頭燈，我幹嘛要覺知它？現在可以停止了嗎？我不明白這有什麼用，真是浪費時間。還是我根本沒抓到這個練習的目的是什麼？」

這個練習當中有兩個過程同時進行：你「無聲的」覺知床頭燈以及你思考的

腦子。

現在我們回到旋轉木馬的譬喻。你「思考的自我」被固定在木馬上，轉過一圈又一圈，一邊咒罵一邊尋找解脫之道。但是你「覺知的自我」只是束手旁觀！

我們能察覺我們的一部分根本無助地任事物宰割，透過覺知或觀察的自我使我們和經歷保持本來的距離，這個「自我」的專注可隨時轉移，例如轉到腳尖或是美味鮮奶油蛋糕的味道。**當我們專注於覺知我們的經歷，就會發現內在自由，不再和我們的認知融合。**

只要你尚未意識到觀察的「自我」，你就像身在一個4D動畫電影院裡，座椅向後傾，畫面伸手可及，就像你被「安插」在電影裡，從電影院座椅有空氣吹拂你的頭髮。一旦你發現純然的覺知，你就向後跨了一步，就像你想「退出」影片一樣。電影還是同一部，但是再也無法牽動你，只是平面的影片而已。

旋轉木馬不會停止旋轉，你的腦子不會停止咒罵，影片不會結束，但是**越抽離自己成為旁觀者，你就覺得越平靜、從容而且獨立自主。**

藉著擴張覺知，腦部的電子脈衝活動發生可測量的變化，你以快速的伽馬波覺知內在空間廣度，這是「內在自由」的生物學對應。因為你覺知到「自我」的原生沉著，你的副交感神經系統於是被活化，壓力反應系統以這樣的方式踩煞車，你會變得平靜。

這不是很美妙嗎？為了達成這般享受，你不必改變你的想法和感覺，抗拒或是逃避它們，你根本什麼都不必做，只要注意你正在想的事情，感覺自己正在感覺的事物就可以了。

颱風眼

前一個段落我提到覺知或觀察的「自我」，也許你對這個字眼感到陌生。「自我」這回事只不過是譬喻，「思想」和「覺知」畢竟不是固定不變，而是兩種過程，經常齊頭並進，一般情況下讓我們無法加以區分。但是，把覺知當作一部分加以觀察，把思考和感覺當成另一部分來看，卻相當有幫助。

想法和感覺持續改變，覺知卻維持不變，它不可改變。覺知是靜態，既不評價，從生到死都不會因為任何事、任何人而有所動搖。觀察的「自我」因此在創傷治療方面具有特別的意義，我們內在有些什麼即使受到創傷也完全不會受損。但是即使沒有心理創傷的人當然也可以知道，我們內在有個安定的地方，隨時都可以回歸到那裡去。

你要如何稱呼這個觀察的「自我」都可以，你可以稱之為「內在的佛」，也可以稱之為「大力水手卜派」，我覺得很有用的另一個名稱是「知我」。你有個部分知道你所有一切，不管你想的、感覺、經歷的是什麼。類似的描述通常被套用在非常親近的好朋友身上，他們「徹頭徹尾」瞭解我們，我們也和這樣的朋友分享一切。如果你意識到這個「最好的朋友」在你之中，或者可說就是你本身，會直接引發一種放鬆的感覺。此外這也是你自我同情的根源，某人知道你的感覺，在任何情況之下都知道，其實非常令人安慰。

為了更進一步瞭解，我想告訴你我對這個安全地帶的個人經驗。有天晚上我接到電話，我的祖母也許在幾個小時內就會過世。這通電話並不出乎意料，即使如此我依舊立刻心情惡劣。我擔心，哀傷，覺得非常累，而且我當時懷孕五個月！我帶著不安的感覺起身，做好準備，我還記得穿鞋的時候想著：天啊，我好擔心，我真可憐，我根本無法承受，我辦不到。我應該到祖母身邊去嗎？我不知道自己是否能看著一切發生。我覺得內心幾乎被撕裂，一方面我想陪在祖母身邊，另一方面我擔心被自己不愉快的想法和感覺壓倒。我該怎麼做？

後來我決定這麼做：帶著破碎的想法以及不愉快的感覺一起出發。我並未嘗試讓自己感覺好一點，反正根本不可能，但是也不讓它們阻止我去完成我認為重要的事情。我坐在車上，任我的感覺和想法遊走，一邊觀察它們。那並非是種冰冷、保持距離的觀察，反而是種親愛和充滿諒解的注視，就像它們是感到憂懼的孩子，而我正照料著他們。

稍後我坐在臨終祖母的床邊，握著她的手，聽著她的呼吸越來越微弱。這時我盡可能擴充我的覺知，察覺自己關心她和她的痛苦，但也同樣察覺自己的憂懼和懷疑。在這個情況下，這個情感上來說非常困難的任務增長我穩定的感覺，雖然我同時覺得非常脆弱和無助。

這個經驗的關鍵在於：我做了我重視的事情，沒有被我的想法和感覺所「束縛」，即使如此它們依舊存在。讓我具備這種行動能力的就只是承認自己感覺脆弱，由這種認可變成自我同情。我知道這種感覺完全正常，每個人都會發生同樣的事情。面對死亡就是會被無力的感覺壓倒，我並不強迫自己有不同感受，但最後正是維持觀察的「自我」在我內心引發沉著的感受。

有句日本諺語說：「孩子能在颱風眼裡沉睡。」差不多是這樣的感覺，在情感風暴中依然有個寧靜之處。

聽起來充滿詩意，但關鍵是你注意自己的界線。並非要你栽進超過負荷的情況，強迫自己保持沉著。你可以從好比感受無聊，或是清晨肚子餓的感覺開始練習。慢慢地，你可以摸索推進，觀察比較困難的情感。請你以自己的速度進行，對自己保持耐心。我也會刻意避免讓我覺得「超過」的事情，比如我不會讀即時頭條新聞！

上文提及的經驗迴避可說完全正常，除非你個人把它視為問題才會變成問題。否則好好安排自己的心靈力量是唯一合理之道。無論如何我認為，比起看著新聞裡一場可怕車禍的細節和畫面，傾聽旁人的心聲更為重要。請你衡量想鼓勵自己做什麼或不做什麼，一步一步地練習。

如果不可能做到，因為出乎意料的事件發生，請有意識地察覺一切你可能的想法和感覺。**盡可能試著關心自己，增進自我諒解（其他人處在你的情況不也有同樣的感覺？），然後採取行動，如有必要，從同情的觀點出發。**

同情是個良好的關鍵字，我絕對要強調，不要因為你認為這些想法和感覺不重要，所以和它們保持距離。當然，如上所述，我們不該特別重視某些令人不安的想法和畫面。但是舉例而言，如果你因為分手而感到深深的悲傷，想著「我不知道該怎麼活下去」，那麼你應該非常謹慎地處理自己的經歷。也許你這時會討厭把自己的想法和感覺看成念頭湯的一部分，但請讓對應你情緒的念頭湯譬喻負載著你前進，這鍋湯有時嬉鬧甚至好笑，有時又比較嚴肅和撫慰。

我的冰沙配方

現在我要向你透露一份美味的綠色冰沙食譜，你需要：

兩把寬葉羊角芹（Giersch）
半個檸檬的汁
一條香蕉
二分之一個蘋果

兩百五十毫升的水

把所有材料放進果汁機或用調理棒打碎！怎麼樣？你覺得和我們的主題無關？有喔。

你知道寬葉羊角芹嗎？這是一種討厭的雜草，要消滅它可會讓人抓狂。作家蘇珊娜．威柏爾格在《時代報》裡寫著：「我對抗寬葉羊角芹的行動正好展現人類作為的徒勞。」我的雙親也必須面對這種植物佔據花園的問題。我甚至幫母親把她的花圃鋪上一層塑膠布，好讓討厭的羊角芹窒息而死。我能說什麼？所有的方法都沒有效果，越是對抗它，它似乎反而長得更好。但有趣的來了：如果你在網路搜尋「寬葉羊角芹」，列出的第一條是對抗寬葉羊角芹，第二條就是寬葉羊角芹冰沙。

處理不愉快的想法和感覺就像對待寬葉羊角芹一樣：我們覺得它是可怕的折磨，但是也能學著有效利用它。只要你觀察，發現你經歷的另一面，這會讓你從容、平靜而且神智清明，舉止自主而且踏實。除此以外，還讓你自決行動，帶來自我肯定和自我信賴感。

我並不確定我的父母是否已經發現他們的觀察「自我」，但是他們已經把寬葉羊角芹變成綠色冰沙。你可以把寬葉羊角芹看成雜草，也可以當作健康的食材，就像你可以把不愉快的想法和感覺當成阻礙，但也能當成強化心理的工具。

如何，何時，多頻繁？

現在你知道如何處理想法和感覺，好讓自己不那麼覺得「被困住」。接下來我們將要進入其餘具體練習，它們將有助於深化你對念頭湯、旋轉木馬和「觀察自我」的體驗。但是我想事先透露幾個問題的答案，這些問題是你一定會浮現的：也就是如何、何時以及我該多常投入這些新觀點？我如何為自己設計取下硬幣的練習？

為想法和感覺練習設定界線絕對有其意義，因此我們先看看前面兩個問題：該如何及何時練習？

其實並沒有教條式的規範，我鼓勵你找到自己的風格。你可以借用佛教禪定的方式來進行，打坐然後觀察自己的想法和感覺。也可以把練習設計得比較日常一點，在你的任何行為當中隨時注意，你的念頭湯正煮到浮上來的是什麼。請試著處在正興趣盎然地觀察念頭湯的角色，而非湯本身。

也可以選出特定活動，每當你做這些事情的時候，就注意自己的思緒和感覺。舉例而言：每次你在淋浴的時候，就意識到自己正在想什麼，正出現什麼感覺（不管是精神上或身體上）。或是晚上看電視，每次進廣告的時候就把電視聲音轉小，轉而傾聽你的想法，探索你的感覺。如果你注意到，不這麼做就不會經常意識自我，固定進行就越顯重要。

接下來的重點：要多頻繁？

你越常覺知自己的經歷，不和它合而為一，就越能在嚴苛的情況（好比吵架）不做出機械反應，而是保持一定距離來處理。

我建議你，盡可能每天至少片刻意識到你的思緒硬幣，並且把它取下。應該把這當成新習慣養成，這種習慣只有你主動做出貢獻時才能建立。請注意：你的腦子喜歡一切維持不變，其他的對腦子都意謂著危險。因此我們不容易振作進行有關想法和感覺的練習，常常想著：我晚點或明天再做。總有一天你就完全忘記這回事。

前文提及我的想法犯罪片，後來我發展出這般不尋常的受苦抗力，以及花這麼多時間在觀察想法和感覺上，讓我奇妙地感到高興。但是，如果你的受苦抗力很小或是根本不存在，你根本不會熱切地進行。請你將之視為預防治療，就像去找牙醫一樣。你看著自己的想法和感覺，雖然沒有找到「蛀牙」（真有干擾的事物），為了早晚會浮現極度不舒適的事情，必須有效加以對應。或是當你有「急性」不適的時候，就乾脆回頭讀讀這一章，開始這個練習永不嫌晚。

保持特定頻率也可能有益，例如晚上睡覺前，或是早上起床後，我就專注在我的體驗上。我說「可能有益」，因為這相當取決於你個人的偏好。例如，對我而言，「照表操課」和「自由活動」的混合形式很好用。我有時刻意坐著，只觀察我自己的想法和感覺。此外我一天當中也會隨興專注觀察，如果剛好浮現某個想法或感覺，我會注視著它們，試著把自己當成「觀察者」。

如果你把特別強烈的想法和感覺當成訊號也很有幫助，可以提醒你取下頭上的硬幣。你在超市裡站在長長的隊伍裡，非常生氣，因為那些白癡就是不肯再開一個收銀櫃台，這時請你喚醒記憶裡的觀察者視角，然後把憤怒當成物體一樣觀察。不愉快想法及感覺的訊號效果頗為美妙，因為干擾如此一來就具有正面功能，不再只是令人厭煩，還有助於你個人處理經歷的能力（就像把它們變成一杯美味的綠色冰沙）。

最後，請你務必在不同練習之間轉換，才不會無聊，並且盡可能展開許多體驗。即使特別喜歡某一項練習，也試試看其他練習，當你再回到最喜歡的練習時會特別開心，否則這個練習就會像你太常聽的愛歌。

所以請你這回運用硬幣譬喻，下回運用念頭湯譬喻，再下回用旋轉木馬的譬喻，你會注意到我在這本書還舉出其他譬喻。我希望你能從中獲益，把工具箱裝滿喜歡的比喻和意象。

因此我接著將提供你特別多練習，你可以藉此將想法及感覺觀察練習做豐富變化。請你放膽自行發明練習及譬喻，或是變化我所建議的練習。只要對你有幫助，沒有對錯之分。

如何重新發現生命

＊ 練習一 ＊

寂靜與聲響，空間和內容

如果你不習慣觀察自己的想法和感覺，那麼請不要從面對你的內在世界開始，而是先朝向外界，請你察覺周遭的寂靜，以及那些使寂靜浮現的聲響。請你記著寂靜和聲響是同步出現，互為成立條件。

此外你可以覺知周圍的空間，以及空間裡的物體及身體，包括你個人的身體。空間和內容，請你察覺它們。接著做出結論，你的內在也有寂靜與聲響。你覺知寂靜以及思考聲響。你內在也同樣有個空間，還有空間裡浮現的圖像。這是理解認知、感覺和思考過程的第一個類比。

＊ 練習二 ＊

歡迎想法

最近我在公車上走過一個熟人身邊，卻沒有打招呼，我很匆忙，而且不知道該怎麼和他說話。這實在是個大錯誤！我整天就想到他的眼神（他顯然看見我了），我非常氣自己沒有打個招呼，結果他的眼神在我腦海盤旋不去。

我們的想法和感覺經常就是這樣。我們注意到它們，但是沒興趣認可它們，反而做些別的事，結果它們就一再浮現。請你試試下列方法：你注意到某個你不感興趣的想法或感覺，就跟它們打招呼，譬如「嗨，對我父親的念頭，還有他在我生日又沒打電話給我的失望，你們好！」當然不愉快，但是你讓你的腦子比較能容得下這樣的想法和感覺，因為你認定：我注意到並且認可你的煩惱，謝謝。

＊ 練習三 ＊

思緒地鐵

如果在大城市裡搭地鐵，好比柏林，它會讓你明白人類心理有多少深淵。我不只一次成為暴力的目擊證人，曾看過毫沒來由就尖叫的人們，觀察過哭泣而不修邊幅的人，他們的氣味充塞整個車廂；也有些乘客自言自語，或是莫名其妙地對別人豎起中指。

柏林地鐵對我而言是反映我們心理過程的鏡子。當你湧起「你瘋了」的想法或感覺，請你試著觀察它們，就像你是地鐵的乘客。你可以想像自己就像監視攝影機一樣，把一切記錄下來，卻不能干預也不受威脅。如此一來，你就不必改變你的經歷，同時能體驗這些奇怪的想法和感覺不能影響你，甚至促發你的行動。

＊ 練習四 ＊

思緒壽司

你曾經去過那種餐點放在小盤子裡，不斷轉到顧客面前的迴轉壽司店嗎？我甚至去過一家店，他們把小船放在水道裡推進，等到美味的壽司卷經過面前的時候，把小船撈起來。為了訓練觀察自己的想法和感覺，你可以想像這種迴轉壽司，把你的經歷放在推進的小船上。請釋放你的想像力：把你內在畫面放在盤子上，或是想像把你的想法寫在船側。如果你不易入睡，想法一個接著一個湧向你，這個技巧也很有效。

＊ 練習五 ＊

一切都可以存在

為了發展出接納想法和感覺的習慣，而不是逃避或抗拒它們。當你注意到自己想逃避或抗拒的時候，有個簡單的句子，你可以默念它。

每天多次想起這個句子會有莫大的舒緩效果。如果你想這麼做，你也可以把句子結合你的呼吸。吸氣時默念「一切都可以」，呼氣時說「存在」。

重點在於這絕對不是為了避免抗拒和逃避，你不必強迫自己從容地看待一切。一切都可以存在意謂著，你向後踏一步，不再插手自己的心靈過程。就倚身觀察，你的腦子生出哪些想法和感覺，又怎麼試著擺脫它們，改變或逃脫它們。你會發現那真的很有啟發性又有趣。

＊ 練習六 ＊

擴展你的心

請騰出空間給你不愉快的想法和感覺！你可以用個很簡單的姿勢表達出來，只要將雙手交疊在胸膛，就在心臟附近，然後展開雙臂。請你注意胸腔如何擴張，以及你的雙臂張開的廣度。你內在有許多空間，足以容納任何感受，不管它們是否愉快。你可以在早晨就做這個練習，好為你一切體驗創造空間。

練習七

你的風景

即使有上述練習，我們還是經常發生經驗迴避的風險。我們慌張地試著和不愉快的想法和感覺拉開距離，好讓它們消失，不要再來煩我們。這絕非這些練習的意義，而且也不會奏效。如果你逮到自己想著「這一點用都沒有」，你就走在歧路上。可能發生總是同一艘壽司船轉到你面前，但是你讓它每轉動一回，就越不覺得它煩人。

接受一切原本面貌就不會出錯。這個練習幫助你，不只提供你的內在空間給所有想法和感覺（就像上一個練習），還可以給它們非常特殊的空間。

請你想像一片風景。想法和感覺都佔有你內在一席之地，以畫面的形式。我認識一個年輕人，每當他的怒氣即將控制他，他總是想像一座爆發的火山。你的恨意可以是片冰洋，或是荊棘叢，你的憂慮是座黝暗樹林。奇怪的想法可以當作馬戲團搭在風景裡，不要忘了你的「正面」感覺和想法。

你對家族的愛可以是一片詩意的野花草原，或是深藍色的海洋，你的喜悅是一片田野，讓孩子們在上面放風箏。

每次你注意到某種感覺，就把它加進畫面，請你給所有想法和感覺一個家。

7 充分享受生命

無為而無不為——老子

接下來兩章，我們會專注在一個問題上：如果不再尋找快樂，我該拿生命怎麼辦？

一旦你不再追尋無法達成的目標，你會有許多時間和精力。但是你想把這些時間花在誰或什麼事物上面？你想如何規劃自己的生命？

不必再追尋快樂，不是很美妙嗎？從前文中，我想你已經完全品嘗：現在你可以做以及接納為你帶來樂趣的事。假如你因此「一事無成」，不必良心不安，你沒有什麼必須辦到的事情。我們個人發展就像演化一樣，是個沒有結局的過程，演化產生某種生物從不會就此結束，你也不常會有一次圓滿的感覺，不管你做或達成什麼。

你可以立刻試試一些你從前覺得沒意義的活動，不管是跳傘，坐在咖啡館裡看著行人來去，玩紙牌遊戲，寫日記，或是幫自己買一本成人繪圖本，畫些禪繞畫，都可以。你也把這本書放到一邊，享受幾秒鐘的無所事事，就坐或躺在那裡。

我什麼都不做的時候，經常產生一種不尋常和不真實的感覺。寂靜的感覺顯得奇特，我顯得奇特，就像我才剛注意到，我獨立存在於我不斷的行為之外。你也發生類似的情況嗎？只是簡單存在，就像棵植物。

我們已經活這麼久，卻很少（甚至從未）允許自己退出，完全什麼都不做，這不奇怪嗎？

你曾在無所事事的時候察覺腦子裡正開始考慮下一步嗎？即使只是一個念頭「現在我應該繼續看下去」。我的待辦事項表非常自動地展開，我椅子還沒坐暖它就出現了，或是我會想接下來要吃什麼……其實我們的習慣就是這樣，持續做計畫，可能為了追尋快樂，或是為了從不愉快的感覺分心，或是兩者都有。

放棄追尋快樂意謂著跟隨為你帶來樂趣的事，同時你也不會錯過快樂。就算你只是坐著。請你讓待辦事項表在腦子裡出現又消失，你知道上面沒有一項能讓你比此刻多快樂一些。請你試著一天多次想起這個句子。

我上次生病躺在床上，我的腦子不肯停止地告訴我必須做哪些事情。我沒有插手，腦子就自動列出一張務必完成的任務表，但我其實辦不到，因為我身體不舒服。突然間有個念頭冒出來：這張表上沒有任何一點會讓我比現在更快樂一些。

那時我有如卸下沉重而且完全沒必要的負擔。不論我現在打電話給健康保險公司，或是列一張購物清單，拿出洗碗機裡的碗盤，還是撰寫一封重要的電子郵件，這些都不會讓我的生活變得更好，就因為我認為總有一天一切都會「完美」，總會完成。即使如此，我還是一直意識到某個我所認定的義務。但是無所謂，基本上我在這頓悟的一刻之後，雖然感冒，還是相當滿意地躺在床上。

你現在真正切入本章的核心問題：如果我不再追尋快樂，我要拿生命怎麼辦？我第一個答案聽起來簡單，但是其實沒那麼簡單：就做你想做的事情。

你喜歡什麼？

我們順從快樂機制這麼久之後，也許已經忘了真的喜歡而非刻意追尋的是什麼。我們對目標產生自我認同，一旦丟下這些目標，突然間就茫然若失，但隱約又有種想要些什麼的感覺。請你信賴直覺，不要把它貶低成無聊、衝動或愚蠢的事情。

柏林馬克斯普朗克教育研究中心所長葛爾德．吉格仁徹在他的著作《半秒直覺》裡寫著，直覺是強有力的工具，但經常被低估。不論解決紛爭、選擇伴侶、金錢投資、職業決策……直覺經常勝過我們的智識。吉格仁徹甚至進一步表示，許多實驗結果顯示，「刻意把一切拉到當下，基本上做出的決定會使我們比較沒那麼快樂。」你還認為直覺是陳腔濫調嗎？

也許你現在渴望知道如何讓自己信賴直覺，可惜我無法提供你這方面的練習，因為這會把你的思考拉進來，大概就像我拜託你用耳朵來品嘗食物一樣。透過思考無法讓你以直覺行事，直覺不能以語言指示挑起。此外，人本來就在直覺狀態，不可能還從外部促成，你只需要「拾起」你浮現的期望、點子和需求，並且認真地看待它們。

這就像你注意到必須上廁所，但你事先根本想都沒想，你只是突然間意識到：啊，我現在必須去排尿，於是你就去上廁所。

其他「乍現靈光」就這樣來到你身邊，你卻經常把它們揮開，因為你以為沒時間去做，或是覺得自己不夠好，做不到這些事。這些事情不是社會認可的目標，不是我們以為會帶來快樂的目標。你也許沒有點子可做出新的瘋狂應用程式，為你帶來聲譽和幾百萬元，只想在接下來半個鐘頭內望著窗外，吃一個火腿麵包，或是躺在浴缸裡……你就這麼做吧。**請養成信賴直覺的習慣，讓你想做的事優先於被要求去做的事，順從自己的起心動念。**

你發現生命這些從前被你排拒的面向，因為它們過去在你眼中不那麼有意義，其實沒有任何事比你剛好想做的更有意義。你或許會反駁：「你一定時間很多，那像我還必須工作，去學校接小孩，買菜煮飯，帶狗去找醫生，還要順便去車站接我婆婆。請問我何時才有空看著窗外？」

你說對了一半：我有很多時間，因為我讓自己花這些時間，但你也可以。另一半則毫不正確：你不必買菜接小孩。

我明白你接收到這些要求，想解決腦子設定完成的事情。但是請你意識到：**這是你在腦子裡自行設定的事情**，換個更好的說法：這些是你的腦子發明的事情。沒有人拿著手槍站在你身後逼你去做。你可以少工作一點，利用購物運送服務，拜託伴侶煮飯，婆婆可以搭計程車。

我明白有些事情不能推移，如果已經沒有衛生紙，或許你不能一直望著窗外發呆，等到膀胱漲滿就來不及了。但是希望你明白：**看透驅策你發揮最高效率的每日行事曆，它之所以存在只因為你相信必須做很多事情。**

你不必這麼做，這些效率不會變成快樂，只會變成壓力、時間壓迫和失望。我再重複一次：**你的待辦清單沒有任何一項能讓你比此刻快樂。**還有，信賴你的直覺躺在浴缸裡，或是看著窗外也不會讓你比較快樂，但是能消滅你的壓力，以及減少沒有快樂起來所引發的失望。

此外你還能有新的體驗，學習認識自己，明白你所需要和想做的事情。於是你不再是日常生活機械序列，而是情緒及需求更迭的生物。不再尋求快樂意謂著這般活力已經足夠，也是唯一算數的事情。

故意無所事事和沒做事

也許你並不陌生為自己撥出時間這個想法，今日有許多活動偽裝成能讓人擺脫義務螺旋，事實上我們畢竟想藉助它們達到某個目標。

我們「刻意進入寂靜」，「練習從容」或是「回到我們的中心」，我們依舊朝向某個目標。我在靈修那一章已經提過：專注、冥想、放鬆和「傾聽自心」目前非常受歡迎。然而這些規劃出來的浮生半日閒，經常變成自我改良要點裡的另一條應辦事項：「該死，我今天本來想做身體掃描[3]，又錯過了！」

但是你真的想做嗎？或者你只是把它變成一項功課，因為你相信它對你的身體和心靈有好處？或是你想要成果，想要身體健康，家庭或伴侶關係和諧，還要「內心平靜」以及「情感智慧」，只為了讓一切完美？

下面的句子也許你聽起來似非而是，但是請讓它對你產生作用：

你停止放鬆才能開始放鬆。

這句話的意思是：只要你想著放鬆、放手、直覺行動、無所事事、冥想等等對你會有何效果，你就只是做另一件應該帶給你收穫的事。與其做這些還不如去清掃浴室！你至少還因此有個亮晶晶的馬桶，冥想可不能聲稱有這種效果。

3 藉著意識全身狀態以逮到放鬆的練習。

無論如何，如果你停止冥想、放鬆或無所事事，換句話說，你不把遠離日常生活和某個意圖連在一起，那麼你就能到達你想抵達之處。我們之所以覺得這不容易辦到，只因為什麼都不必也不能做。給你一個建議：你不必把你的時間標上放鬆或冥想等名稱，也不必把它們規劃到生活日常裡，變成另一個計畫點，從今天起，允許你自己徹底把生活時間只當作時間調配。

如果你不想太在意時間，就會像我和狄更斯之間的關係一樣。我曾打算每年十二月一日開始讀《聖誕頌歌》，為的是給我一些省思的閱讀時間，讓我舒適自在地沉浸在耶誕氣氛裡。

結果呢？十二月十四日的時候我就想：該死，已經月中了，我才讀到三個鬼魂裡的第一個，太荒謬了！我省思的時間變成強迫閱讀，逼迫自己必須在聖誕日前讀完。我拆穿自己的時候忍不住笑出來。我現在還是在十二月讀狄更斯的小說，經常到聖誕夜才讀到第一個鬼魂，但是只在我有興致的時候才讀。

積極—消極原則

信賴直覺也可能產生煩惱：一旦真的任性而為，你可能會煩惱萬一不再想做任何事情，只想賴在床上，那時該怎麼辦？

有趣的是並不會發生這種情形。如果你鬆開「義務緊身衣」，你起初也許真的不會離開床，但是你很快就會對其他事情發生興趣。積極和消極自然交替，就像鐘擺一樣，當鐘擺到達對面端點必然回擺。如果你不相信我，請你下定決心以一個星期的時間加以檢驗。

請你從每天下午躺在沙發上開始。如果你的職業讓你無法這麼做，請你利用長假，或是比較長的周末來進行實驗。幾天之後，你也許會開車去家飾商場，因為你想組個新書架，或是重新裝飾公寓。消極後面接著積極，請你相信這個原則。

身為作家，我經常被問到怎麼工作。有固定的工作時間嗎？會在固定時間起床嗎？每天能寫幾頁？人們似乎對我怎麼寫完一整本書非常有興趣。我的答案差不多是這樣：「只有我想寫的時候才寫，有時每天寫，有時好幾個星期都沒寫，有時我寫八頁，有時寫半頁。我不強迫自己工作。」

因此很可能我早已發生寫作低潮，只不過並未注意到，因為我在不想寫的那些日子裡根本不會打開電腦。我不必做任何事，積極和消極原則依舊運作，其實你也是如此。

這時你也許會想：多美好，但不是每個人都能坐在咖啡館，寫著有關快樂的書來賺錢。我必須每天早上進辦公室，根本不能來個「今天什麼都不做」。但是你就是**能**這麼做，只不過**不敢**這麼做。假設你辭掉工作，好爽過一陣日子，會發生什麼事？你遲早會很想找個新工作，也許新工作還更適合你。你可以把這個例子繼續編下去。

如果你沒察覺找新工作的需求，你可能再也付不出租金，必須住到朋友家。如果你在朋友的沙發上還是沒有變得積極，他也許會把你趕出去，你會變成流浪漢。然後呢？沒錯：總有一天你會積極起來，改變自己的情況。

我在社工工作當中和許多無家可歸的人打交道，非常瞭解直到他們察覺到做些改變的迫切性之前，他們不會改變。

你明白我想指出的是什麼了嗎？你可以察覺你正好想做什麼，然後你會有效率地進行，而且通常會獲益良多。**如果你不強迫自己去做不符合當下情緒的事**

情，你甚至能完成更多事情。因此當你想賴床的時候，請務必賴在床上，你不會因此喪失改變世界的能力。

8 給生命一個方向

如果以你的價值引導生命，你不僅獲得活力和喜悅，還體驗到生命會是那麼豐富、圓滿和充滿意義，即使事情並不順利。——路斯．哈里斯（Russ Harris）

請不要被我上文的「無所事事」誤導，「看清沒有快樂」並不應被誤解，以為就可以因此毫無限制地追求樂趣，無所事事的新享受只是沒有快樂卻豐富生命的可能性之一。我對「如果我不再追尋快樂，我該拿我的生命怎麼辦？」這個問題的第二個答案是：給你的生命一個方向而非目標。

我對目標有什麼不滿嗎？一點都沒有，只要你不期待它帶給你極樂，否則你只會失望而已。如果達到目標會讓我們快樂，賦予生命意義，那我們此後大可就這麼坐著，凝望生命歷程。但是並非如此，生命的意義在於我們持續不斷的作為，這是你前進的方向。

請想像一下，你至今都在追尋快樂，就像正前往某個根本不存在的城市，姑且稱之為「永樂城」好了。你多年來一直走在前往永樂城的路上，卻永遠不會到達。這時，在你放棄追尋的這一刻，你可能鬆了口氣，往回走，或是漫遊整個世界，你也可能決定買個羅盤，然後一直向南走。為什麼？因為朝自選的方向走讓人非常滿足和滿意。只是四處閒晃會有風險，很容易迷失，感覺手足無措。

但是給生命一個方向究竟是什麼意思？

舉個例子：你至今的目標是找到好工作，此外為社會做些什麼，好比當志工，以及建立家庭。一旦沒有達到這些目標，你就感到失望，自我價值感跌到谷底。當你達到這些目標，卻發現它們沒有如你所想的那樣讓你快樂，於是就設定新的目標。

你就永遠這麼繼續下去，直到某一天你的生命結束，你發現自己因為這麼多不滿足和追尋而完全錯過生活，可惜到這一刻才明白。

如果你不設定目標而是描繪一個方向就完全不一樣，大概如下：我想自我照料，成為支柱，親近他人。我怎麼想出這些語句？

很簡單，我只是把你的**目標**轉譯成**價值**。原則上每個目標後面都有某種價值觀。你想要好工作？這意謂你想養活自己，賺到足夠的錢，在工作崗位上覺得愉快。你想當志工？你想要的是成為支柱，幫助其他人。你渴望家庭？那麼你重視的是和其他人有所羈絆的感覺，親近其他人。

自我照料、成為支柱、親近感，這些是價值，你可以一直前進的方向，即使你沒有實現目標。你可以自我照料卻不必擁有完美的工作（例如暫時做一份不太完美的工作，但是能讓你負擔所需）；成為他人的支柱，卻不必立即成為志工（例如幫你的姨婆購物）；親近其他人，好比朋友，就算你（還）沒有建立家庭。

你不一定能達到設定的多數目標，只有少數目標能立即實現，但總有一些你眼下能做，符合你價值觀的事情。你不這麼想？那麼請你思考一下，有什麼能讓你自我照料，而且你此刻就能進行，你想得出來能為自己做什麼有益的事情嗎？拿起水杯，喝了一口水，好提供身體生存所需的水分，就這麼簡單。

像這樣的方式，隨時能以價值為引導而行動（即使你覺得我的例子很平庸），具有直接效應，根據一份研究，會長期反映在生活滿意度、普遍愉悅感受和心理健康上面。

由價值引導生活還能降低壓力程度，對抑鬱情緒有正面效果。在職業方面，對價值產生認同，感覺自己工作的重要性能避免過勞。有研究證實，如果痛苦經歷和價值觀相關，我們的痛苦容忍度就比較高，就連罹患慢性疼痛的人也不例外。而且價值觀不僅有助於比較滿意生活，也讓我們比較滿意自己的身體。這一點不僅涉及外表（我們比較少因為身材和體重而對自己貼標籤），也涉及健康方面（好比有研究證實，癲癇症患者受益於以價值認同為基礎的治療，生活品質改善，甚至減少發作的次數）。

如果我們的行為以價值為依歸，我們就自覺像想要當的那種人，不論我們是否達成目標。行為以價值為依歸，意謂著和自己保持和諧，我們的生活就確實感覺充滿價值。該是發現生活新方式的時候了！

何謂「充滿價值」？

價值對你也許是個奇特的概念，因為相對於目標而言，我們很少用它。但是，我們現在要重新發現生命，大膽進入未知的領域。讓我們從簡單的問題開始：價值究竟是什麼？

價值是我們重視的特性和品格，我們可以把它呈現在我們的行為上。尊敬、友誼、忠誠、愛冒險、同情心、堅強、耐心、慷慨、諒解、創意、親密、信賴……以上只是幾個例子。

你要是自問：我想成為什麼樣的人？我如何對待自己、他人和周遭的世界？我在生命當中想為什麼付出？這些問題的答案都取決於你個人的價值觀。

價值顯然不是目標。你的目標可能是找到伴侶，可以完成後打勾。價值永遠不能被完成後打勾，價值是持續引導我們行為的特質，好比親切待人。我們可以依循價值行為，一邊嘗試達到目標，而且不管我們是否真的達成目標。

價值不只不是目標，它也不能和美德劃上等號。美德必須由外界認可，好比被信仰團體認證。你的價值卻決不必被認可！你可以是唯一認為某個價值重要的人，請你將之想像成對某種巧克力的偏愛，你喜歡「微苦」，我喜歡「全榛果」巧克力。我們沒有任何人能因此指責他人，價值就是種個人偏好，正如你可能認為生命中的親密關係特別重要，而我可以認為獨立很重要。

最後，價值也不是感覺。「我想快樂」或「我想要自己過得好」都不是價值。你或許認為，你想關注自己，做些為自己帶來樂趣的事情（因為讓你心情很好的機會提高），我會將這些價值稱為「自我照料」。

如果你看完我的解釋和區分之後，依然弄不清楚價值是什麼，那也沒關係，其實對價值這個概念本來就沒有統一的定義。我對你敘述有關價值的一切，是價值在接納與承諾療法當中的主要描述，端視心理學方向卻會有細微差異。

因此請你不要避而不談價值，重點在於價值是我們行為的根本特質，不是受認可的道德想像、目標或感覺。

指南針

也許你對自己的目標有個大概的想像，但說起價值，許多人可能無法十分精準說出自己的價值觀是什麼。

意識自己的價值觀非常扣人心弦卻也棘手。扣人心弦，因為你定義在你生命中真的非常重要的是什麼，這相當有意義；棘手是因為你這時要盡量不被牽制的想法絆住，心理學稱這些牽制為「社會期望」。如果我認為性愛比同情重要，別人會怎麼看我？如果你讓別人對你的看法左右你的價值觀，你的行為就像吃塑膠蓋紙杯，根本無法令你滿足。價值就像不同種類的巧克力：品味之間沒有競爭，只有差異，你大可允許差異存在。

如果你根本不知道自己重視什麼，該怎麼辦？如果你對「想為了什麼付出生命？」這個問題提不出直覺答案，或是你覺得不容易以言語表達自己的答案，又會怎樣？

以下介紹三個練習，你可以透過練習找到你的價值。

＊練習一＊

甜蜜點

這個練習來自凱利．威爾森，他是密西西比大學心理學教授。進行方式如下：請你憶起過去某個片段，你在那一刻感覺非常好。

也許你和朋友坐在一起，或是你在家聽音樂，你的孩子已經送到幼稚園，你沉浸在工作當中。或是你騎著腳踏車穿越公園，看你最喜歡的電影，或是正坐在飛往佛羅里達的飛機上。任何場景都不庸俗或怪異，重點是你在這一刻產生深刻滿足感。

盡可能活靈活現地喚醒這一刻的記憶，將其中的聲響、氣味、口味、皮膚上的感覺，以及你所看到的拉到眼前，在這個地方停留幾秒。這時請注意到，在覺得那麼美好的那一刻你做了什麼。你如何舉手投足？你呈現出哪些個人特質？如果某人曾在這種情況下觀察你，這個人會如何描述你的特質？你在記憶裡如何面對自己和周遭環境？興味盎然？無動於衷？自由？友善？有創意？從容？

請你找出兩到三種特質，將之總結成一個詞，並且當作這一幕回憶的標題。如果你覺得很難描述這些特質，在附錄當中有張可能的價值列表，還有簡短的描述。請你參考這張表，將選出的價值寫下來。

＊ 練習二 ＊

永遠直到永恆

請想像你的生命沒有盡頭，你和世界上其他人永遠不會死亡。你知道這意謂著什麼嗎？

你將會有無盡的時間，早晚能達成你所有的目標，你達成的一切再也無關緊要，因為每個人總有一天能達成一切。就算你混沌度過千年，某一天你振作起來，也許變成百萬富翁，就算可能花上幾百年也無所謂，基本上根本沒有差別。無論如何有影響的是：你要如何存在？你想如何面對自己、身邊的人和世界？你面對這一切的方式有無限多種。不管你做什麼，你如何生活一直都會是重點，因為你想在生命中如何作為不能被完成打勾，你的目標卻有打勾結束的一天。

那麼，你想呈現哪些價值，讓你能想像在幾百萬年當中有所依循？請至少為這一刻決定，你想把哪兩三種特質呈現在你的行為上，不管你剛好是個洗碗工還是個百萬富翁。

你也可以再看一眼價值表，讓自己從中獲得靈感。請記下自己的價值，在下一個練習當中用得上。

練習三

喪失的判斷能力

在這個練習當中，我們回到「社會期望」風險這個課題。你一旦選定價值，你可能嘗試變成「完美」的人：有雄心卻又體貼；真實但內斂；專注，但是當然面對世界保持開放。

這些可能剛好是你的價值，但也可能是你以第三方觀點來觀察你的價值選擇。你真的想要成為這樣的人，這般行為舉止，或者你只是想被認定是這樣的人？只為了練習一下：請你想像所有的人都喪失判斷力，他們再也不能對你產生任何看法，對你的行為再也沒有任何意見，不管你樂於助人，還是為了成功不擇手段。沒有人對你感到驚奇，沒有人批判。

現在請你以上述觀點，檢視從前面兩個練習選出的四到六個價值。

我也做了這個練習，坦白說，做完之後我把「友善」這個價值從我的清單劃掉。並非我認為友善多餘，想拒絕說「請」和「謝謝」，而是因為我明白，我尤其想要的是別人認為我親切友善。友善從此以後不再是我個人的首要價值。

你或許也想刪掉其中一兩個價值，因為它根本不符合你內心深處想當的那個人？你可以完全改掉目前為止選出的價值，重做練習一和二（並且按照我們的練習想像，其他人不可能覺得你的價值好或壞）。

如果你進行到這一步，並且確立你的價值表，恭喜你！選出你未來想走的方向是跨出一大步。

行程表

你已經記下幾個對你而言重要的特質，但是這樣還沒完成。你一定會問：接下來呢？

目前你的價值只是空洞的字眼，因此我想在這一節當中給你一份行程表，幫助你讓這些價值活起來。這份時間表的第一點是：選出你想當作出發點的價值。你想把哪個價值展現在你的行為當中？請信賴你的直覺！

接下來我們進入「操作化」階段，這個概念主要被運用在心理學研究當中，意謂思考如何讓某個特質變得可以測量。對我們而言就表示：你如何把選定的價值轉換成行為？如何能觀察出你目前真實、扶持、耐心的行動呢？

舉幾個操作化的例子：我們想具備對健康負責任的意識，於是接受醫學檢查；我們想要冒險心，於是登記參加帆船之旅；我們想樂於助人，於是傾聽正陷入危機的朋友說話；我們想當友善的人，就祝超市收銀員有個美好的一天；我們想感覺和人有所牽絆，於是去拜訪親戚。

接下來我想請你做出一張表，上面列出至少五種行為，這些行為要和你選定的價值一致。如果你覺得不容易列出，請自問：他人會怎麼看或注意到我正是勤勞、堅持還是熱情的人？

請注意以積極形式描述你的行為。如果你想善待伴侶，請你不要寫「我吵架的時候不再大聲說話」，而是「吵架時我想以平靜的聲音說話」。請把所有「我不再做某件事」的說法從單子上劃掉，然後改成積極的語句。

你會發現，將價值轉換成行為需要創意和勇氣，就算只是書面嘗試。首先你必須有些點子，然後你必須要有寫下來的勇氣，不會覺得它們可笑或不夠好。我十分鼓勵你把這個步驟當成實驗，請一定要試試看。

寫好五種行為的清單了嗎？那麼你幾乎已經完成賦予生命價值。無論如何，請你先不要超前，這是我們行程表的下一站。

如果你期望生命裡多些親近感，你可以先從問候鄰居開始，而不必立刻就尋找伴侶，以建立家庭為目標。你比較容易想到某些行為，某些則比較不容易，但這並不代表其中某一個比較好。請牢記：和你的價值一致的行為自然而然就充滿價值。

我們再借一個例子，把目前為止的行程表各階段走一遍。

假設你選定「信賴」這個價值，目前你覺得，一旦關係到你正處於青春期的孩子，就特別不容易把這個價值表達出來。在這個情況下，你如何將信賴操作化？如何使它從你的行為被辨識出來？

我們再多編織一點你的家族關係：你的孩子不僅身處青春期，而且還有新的朋友圈，但是你覺得這朋友圈不好，孩子開始抽煙，你確信他上星期逃學。你追問的時候，每次只得到粗暴的回答。你能做什麼，好對你的女兒或兒子表達出信賴？

如果你的孩子今晚和朋友碰面，你可以祝他「玩得愉快」，而非固執地質問孩子何時回家，甚至威脅如果他太晚回家，還是聞起來一身煙臭味就要處罰他。等他或她第二天早上出現，聞起來像個煙灰缸，你再想出可能的因應方式還來得及。

下一步你能容許你的孩子和朋友周末去露營。其實想到露營，你的態度多所保留，但是成為充滿信賴的雙親比憂心或嚴厲更重要。因此你在這段時間對孩子和他的朋友們讓步。你當然還是可以多所考慮，重點是你的行為充滿信賴。

第三步，更能展現信賴的姿態是擴建閣樓，或是只把居住空間做出一定區隔，讓你的兒女獲得「自己的領域」。你的孩子早就期望自己的空間，但這對你是冒險的一步，因為那讓你覺得完全失去對孩子的控制。此外改建不是一、兩天就能完成，需要一些時間，而且成本高昂。

在這個例子當中，你逐步提高行為困難度。其中的要旨是你以簡單的任務開始，提升你的自我效能感，勇敢採取那些你原本覺得不容易的行動。但是你如何找出哪些方式對你簡單，哪些困難呢？

有個非常簡單的方法。請將清單上的每種行為以一到十評分，看你真的行動的機率有多大。十代表你不會改變心意，即使幽浮降臨在前院草皮上也不動搖。一代表你做某件事，只因為如果不做，你怕外太空生物會把你綁架到外星球，那裡既沒有咖啡也沒有巧克力。

請你為行動開端選出一項你至少評定為七分的行為，也就是你比較可能會去做的事項。如果沒有，請思考其他可能性，傳達出你的價值觀，直到你有個執行機率比較高的想法。你不必立刻就允許兒女去露營，相反地，你可以不時做些安排，好比准許你的孩子偶爾晚上享受「大人不在家」，在家裡做些什麼都行。

如果你想這麼做，可以把清單上所有的行為從「容易」到「困難」的做一遍。但是你也可以隨時扔開這張清單，重寫一張，刪掉或改變其中幾項。也許你突然有興致改變方向，依循其他價值。你可以把所有價值列成清單，端視你的興趣和情緒，從一項跳到下一項。請嘗試各種可行性，讓你的價值觀在行為中活起來，這是非常有趣而且值得一試的體驗。

我們行程表上的倒數第二點是：請具體行事！假設你選出的價值是「自我照料」，在你的行為表上還列出「健康飲食」，如果你決定加以實踐，請想出適當的餐點，你在何時以及到何處去採買所需配料，哪一天要準備烹飪。如果你想去醫生那兒做年度健康檢查，請你考慮何時打電話到診所約定日期。請你精準到吹毛求疵的程度！如此一來能讓你更容易把價值觀以行為實現，因為你不必再多考慮規劃面的事情。

於是我們就來到行程表最後一點：你行動時出現可預見的阻礙。你缺乏健康烹飪必須的耐心？那麼請打電話給朋友，大家一起做。你擔心去找醫生做檢查，尤其擔心檢查結果？那麼請和醫師討論，讓醫師對你解說所有檢查。你可以和誰一起，或用什麼方式好縮短等待結果的時間？

弄清楚哪些事情會阻礙你實踐價值很有幫助。你常可獲得支持或解決辦法，如果不可能，就乾脆從清單另選一項行為。你做什麼都可以，只要方式符合你的價值觀。

我們的價值行程表於是就一清二楚了，我再總結一下：

選出**價值**。

價值**操作化**。如何表現在你的行為當中？請你列出一張最少五項可能的行為清單。

機率量表，從一到十，請你在表上每項行為後面寫上可行程度。

選出行為。一開始至少選出可行度七的行為；之後你可以放膽嘗試比較困難的計畫。

具體化所選出的行為。何時？如何？多久？和誰一起？

辨識**阻礙**，如果可能就事先避免。

實踐，開始！活出你的價值！

連成一個環

依循價值觀生活，處理不愉快想法和感覺的能力，以上兩者息息相關。我舉些例子說明：克拉拉最好的朋友卡拉移民到南美洲，在那裡感到非常寂寞，她在電話上哭著說非常想家，克拉拉很想立刻飛到她身邊，把她擁在懷裡安慰，只有一個問題：克拉拉不敢搭飛機。

為了克服飛航恐懼症，她甚至參加克服飛航恐懼課程。短期間她的確用課堂上學到的一些技巧克服恐懼，但她並非就完全不怕，更別提飛機遇到亂流的時候。到南美的長途飛行？她還是不敢。但是讓朋友孤立無援也使她痛苦，現在該怎麼辦？去上另一堂課？吞鎮定劑？完全不管飛航的事？克拉拉意識到，陪在最好的朋友身邊，在困難的生命時期支持朋友對她有多重要，因此她搭上飛機，雖然她害怕。

正如預期，航程對她而言非常不舒服，但是同時她也因此覺得掌握自己的生命，不被自己的恐懼所限制，她覺得自由。

彥斯和母親的關係不好，幾乎每次見面就吵架，實在好累。彥斯不知道如何改善，有次爭吵特別嚴重，之後他就不再和母親聯絡。隨著時間他注意到不能讓情況就這麼繼續下去，他重新尋求和母親接觸，但是關係又開始緊繃，持續爭吵、憤怒及失望，非常不愉快。但彥斯願意接受這一切，因為這是他為了和母親維持關係所付出的代價。偶爾也會出現親密時刻，平靜的階段，但彥斯已不再期望他和母親有一天會相處順利。即使如此，他還是對於讓母親成為生活一部分的決定感到滿意，他覺得這個有意識的決定賦予他力量和自覺。

這兩個例子的訊息：依循價值觀的行為需要你下定決心，並且必須運用你處理不愉快想法和感覺的能力。

此處我想連結第六章，如果你發現，以價值為導向的行為不僅讓你不快樂，還要你做出犧牲，那麼我推薦你做做第六章所有練習和技巧。好處在於你已經知道，想法和感覺不必然影響你的行為。你無須先等到自己感覺不錯、堅強或快樂，才著手進行你看重的事情。你可以坐上飛機，拜訪母親，或是讓你的孩子去露營，即使你感到憂慮、憤怒或無助。

以這樣的方式去發現你自由，變得自覺，自主行動，獨立，而且能完全品嘗生命的所有面向。

試試靈活處事

如果你在練習當中，無法為自己找出四到六種價值，只找出一種也可以，如果你可以馬上找出十種價值也沒問題。在選擇價值和數量方面，請相信自己的感覺。靈活在其中是個良好的關鍵字，在實踐價值方面也是。

讓你的價值觀隨時反映在你的行為上，這既不可能也不值得追求。假設你的價值表當中有兩項分別是「友善」和「自我照料」，假設某個你無法忍受的人總試圖和你接觸，如果你毫無例外維持友善，對方或許根本不會注意到他踰越重要的界線，你就忽略了「自我照料」。通常不可能自行創造距離，卻不讓他人覺得受傷。

有次參加進修，就同時實踐價值這個主題，我聽到一個非常有啟發性的比喻：價值就像地球上的陸地，不可能同時都在看得到的那一面。有時露出這塊陸地，有時露出另一塊。

你如何決定在哪些情況下依循哪些價值，這完全取決於你，沒有對錯之分，有時你也可能覺得你的價值就像完全消失一樣。生活如此複雜，因此我們的觀點必須靈活，以適應我們的日常生活。這並不意謂你的生活會瞬間變得沒有意義。請你保持彈性，享受平靜時期，拿我們的行程表實驗看看。

如何重新發現生命

如何深化你的價值意義？如何將之整合到你的生命裡？

下列練習能提供你協助，請你務必練習到底，否則我對「價值」主題的說明對你只會是空言，你會找不出哪些對自己有效，哪些無用。

練習一

價值咒

這個練習很簡單，你可以用它熟悉自己的價值，覺得和價值連結，展開每一天。

請熟讀自己的價值（因為你可能只用一個語詞總結，所以很快就能完成），早上醒來時，請你就像念咒一樣重複這些價值，以這種方式記住生命裡重要的事，以及你想展現哪些特質。在你進入某個會對你造成困難，而且對你造成價值迷失風險的狀況之前，你也可以重複價值咒語，好比你碰到某個挑釁你的人，或是你在考試前喪失勇氣。價值的作用就像船錨，能在壓力狀況下成為支柱。

練習二

每天一項有價值的行為

你可以把行程表用來每天對自己提出一項小挑戰，使之成為習慣。在早上重複價值咒語之後，對自己提出下列問題：我在接下來二十四小時內可以跨出符合我價值的哪一小步？請你這時考慮行程表內每一點，特別要選出容易的行為，好讓你篤定地展開這一天（也許甚至是你早上就能做的事，例如為你的伴侶把咖啡端到床邊）。

＊ 練習三 ＊

抉擇點

接納與承諾療法當中有種美妙的練習，是由約瑟夫．恰羅奇、安．貝力和路斯．哈里斯在他們合著的《擺脫重量》當中所提出。練習的名稱是「抉擇點」，對生活非常實用，原則上可以全天嘗試這個練習。

鑑於我們的價值，我們所有的行為都可分成「往正確方向」以及「往另一個方向」。

假設你的價值是責任意識、自我照料、紀律和可信賴，你每天早上去上班，那麼「去上班」這個行為是朝向價值還是往另一個方向？很難以單一行為看出是否朝向價值，對吧？但是如果你在休息時間接連抽了兩根煙，以你的價值「自我照料」來說比較是反方向，因為你並未以此做出有益身體的事情。

請不要忘記：重點不在於「去上班」或「抽煙」是否被社會當作「好事」還是「壞事」，而是你如何為自己定義這些價值，如何理解這些價值。

我們所為的一切都在做決定，生命可說由「抉擇點」組成。問題只在於，所做的這些決定，我們是朝向價值還是背離價值。請你發現這個事實，認知你隨時都有選擇。如果你想要，加以熟練，更常做出朝向價值的決定。

9 困難之處

改變意見通常比維持原見更需要勇氣。——佛利德里西・黑柏（Friedrich Hebbel）

目前為止已經檢視許多通往快樂的道路，但是我們內心逐漸認識到，我們永遠不能達到目標，因為快樂根本不存在。不過也有好處，我們不再需要等待生命，只因為它一直都有可能「變好」，不，我們決定從現在開始，全部的快樂程度都是十分。或是更偏激些：把快樂量表丟掉，擺脫任意訂定的想像！從現在開始不再追尋快樂，我們已是快樂的。

更進一步的，不再極力追尋目標，於是我們能思考自己的價值，成為一直想當的那個人。有一天我們可以回顧，然後想著：啊，我正如我所想的那樣親切、誠懇、友善、喜歡冒險而且開放。我妥善照料自己、其他人和這個世界，感覺度過滿足而且有意義的生活。

即使如此也尚未完結。在準備好實踐價值的時候，我們會遇到一些必須加以思辯的問題，因為這些困難是生命的一部分。我們不必因此再次跌入快樂想像，可以從不愉快的想法和感覺成長，只要把它們整合成我們的「內在風景」，而不是抗拒或逃避它們。我們的腦子變成安身立命的地方，即使在風雨飄搖的時刻，我們一樣能正確揚帆。

這一切聽起來都很棒，對吧？但是其中有個難處：根本沒這麼簡單。放棄快樂是個漫長的過程，必須一再督促自己。原因之一在於，追尋快樂賦予生命某種意義，給我們一個目標，讓我們以為值得為此目標而活。相反地，如果我們承認這個目標無法達成，因為這個目標只是種想像，我們放棄尋求快樂，也就放棄生命的意義。沒有人想要「沒有意義的存在」，因此我們甚至不敢思及放棄追尋快樂這種可能性。

如果有個熟人對你說他的生命沒有意義，你大概會自然而然地認為他不快樂，甚至憂鬱，但究竟為什麼呢？**如果我們只需要單純地存在，就能滿足我們和世界的要求，豈不是很美妙？如果我們的生命不必再有意義，如果我們本身就是意義所在，你覺得如何？**

為了試出如果我們放棄快樂會怎麼樣，需要許多勇氣，此外我們還會發明一堆藉口，讓自己根本不去嘗試。這背後隱藏的現象被心理學家稱為「沉沒成本效應」，也就是鑑於過往的投資而維持現況的傾向。

請假設一下：你一生都在尋找一匹長了翅膀的河馬，每個人都對你說起和這隻生物的奇妙相遇，媒體上不斷有人述說，自從看過這種動物之後，他們的生命發生多麼正向的變化。你在雜誌上找到最有助於發現有翅河馬的指示，以及無數和這個主題相關的書籍。

為了終於能和有翅河馬相遇，你辛勤工作，把錢存下來，旅行無數次，但是沒有成果。你和其他人一起，找到某個女性或男性，他們剛好有相同目標，但是你很快和他／她分手，因為共同尋找河馬沒有成功，而且你和對方都非常失望。

你的朋友們也不太幫得上忙，某一天你已經完全無計可施。就像被施了巫術一樣，不管往何處、如何以及和誰一起尋找，不管投資多少錢、時間和力氣，你就是找不到那隻該死的有翅河馬。但是你現在不可能放棄，否則所投資的那許多金錢、時間和力氣都白費了，這就是沉沒成本效應。

我們走在尋求快樂的歧路上越久，做出越多犧牲，我們就越不能放棄。

演化心理學提出另一個解釋，說明放棄快樂為何那麼費力。

人類發展乃是基於向前的渴望，尋求改善。石器時代的人要是滿足於他們的現狀，根本不嘗試發展複雜的語言，我們今天就不可能傳遞我們的知識。每一代都必須從頭開始，我們可能沒電可用，沒有廢水系統，沒有疫苗注射，尋求改善對人類攸關生死。我們放棄通往快樂的道路之際，就違反我們一部分的生物取向，需要一直投入力量才辦得到，至少直到大腦注意到長此以往反而能節省力量為止。

但是你的大腦在有這樣的經驗之前並不知道，因此必須先盡前功，勇敢踏上未知的領域，但這是任何生物的惡夢。請你試著將一隻動物園裡的獅子塞進籠子裡，然後對牠解釋：「現在我們要帶你到一個大得多又比較漂亮的區域！」

你不會成功，獅子會反抗，只想留在原地，雖然客觀來看，牠在新的地方會舒適得多。不管你要不要，你都受制於你的動物天性。你本能地追求「快樂」，但是不要冒太多險也是你的需求，畢竟可能失敗。你想重新發現生活，就必須面對這種憂慮，不可能沒有懷疑和不安，你做好思想準備，你的腦子會試著說服你放棄這碼事。因此我在接下來的段落裡，整理出你在放棄快樂時會遭遇到的一些困境，同時也提供你如何處理困境的一些可能性。

你都快到了

還記得通往快樂的歧路嗎？我們以為只要解決問題、發現正確的伴侶或是找到適當的職業，透過我們的家族、身體，或藉助靈修就能快樂。這些想法並不特別值得驚訝，因為通常在短時間內感覺起來的確如此，有如我們現在就辦到了。

我來描述一個可能的快樂場景吧：你長期無法找到工作，幾個月來，拒絕信紛飛而來，但是突然間你獲得夢想工作。你開始新的工作，進而認識一個同事，愛上對方。你原本因為沮喪早已放棄尋找伴侶，但現在卻不期然地冒出火花，你無比快樂。但還不只如此，你因為戀愛，減去漫長求職期間填塞的五公斤。此外你又很想運動，你正面的身體感覺根本過剩。

你和新的伴侶一起參加瑜伽課程，接著是冥想課，有一天，你發生從未曾經歷過的頓悟經驗，你的自我和其他生物之間的界線消解。你身輕如燕，脫離時間，期待下星期課程。

你的生活是絕對的瘋狂，是完美的快樂，至少很快就會是這樣。你的伴侶和你正計畫迎接新生命，兩人共同做出美妙的規劃，在白日夢裡已經幸福地看著自己撫摸隆起的肚子，期盼著微笑地看著彼此的雙眼，你的極樂立刻就會完美。

這時我出現了，對你說這個快樂不會達成！我向你預言，永遠不會像你描繪的那樣感覺，以幾顆馬鈴薯向你證明，馬鈴薯吃起來不如你所想像，凡此總總。當然你的腦子此時會反抗，想刺激你不要放棄。第一個孩子沒有帶給你絕對滿足的時候，那麼也許第二個或第三個孩子，或是在綠地裡有共同的房子……重點是你繼續改善自己。你的腦子對你低聲地說：「就想想那感覺起來會有多美妙！你幾乎辦到了！」

為了闡明核心論點，這個例子當然誇張。你自己的生活裡一定有更好的例子，也許你想著：我要是又和前妻在一起，一定會過得比較好。或是：如果公司開成了，我一定會高興得飛起來。或者：明年到印度避靜旅遊，我一定會脫胎換骨。

不管是什麼，你有個如何快樂的想法，每個人都有這個想法。就算你讀了這本書，至少部分同意快樂其實不存在這個說法，你的想法也不會消失，你一直會有那種「幾乎」達成的感覺。我也會想著：如果我能寫出下一本書，我會無比快樂；生第二個孩子，我的家族就會完整，我會感覺十分良好；如果我現在去做瑜伽，我之後就會深度放鬆，和自我及身體同步一致。

但是我的腦子裡同時出現下列想法：我的天啊，我寫一本關於沒有快樂的書，同時我還一直尋求快樂，實在太難堪了，而且一點都不實在！我何時才終於能停止尋找快樂？

我想要表達的是：你的腦子永遠不會停止尋求快樂，它不斷製造和尋找快樂有關的想法，你越想找一條逃脫漩渦的路，反而會越陷越深，好讓你不會停止改善自己。

還記得《哈利波特》第一集裡的那一幕嗎？笨拙的榮恩掉進魔法殺人植物魔鬼網裡，那是芽菜教授為了保護魔法石而種植。榮恩抵抗這株植物，因為植物不停束縛他，快要使他窒息，但是植物只是因此越纏越緊。聰明的妙麗對他喊著，他應該不要動，植物就會放開他。但是榮恩就是沒辦法停止抵抗曼陀羅。

我們嘗試擺脫快樂想像以及改善生活的想法，這時發生在我們身上的事很類似上述片段，整件事因此變得更令人沮喪。如前所述，當我注意到我的念頭的時候就會想：啊哈，所以我的腦子還一直尋找快樂。我假設這並不對勁，必須以某種方式停止追尋快樂。於是我覺得可自由決定是否要寫下一本書，再生一個孩子，或是要不要去上瑜伽課，但是這些想法都不能控制我的行為，只是浮現而已。

我們每個人永遠會對快樂有所想像，但是我們能在其中練習，保持距離觀察它，而非盲目跟從。

請你再次憶起我們的第一個練習，請把手（代表對快樂的想像）舉到臉的前面。只要追尋快樂還一直屏障你的視線，你就看不到其他任何東西，錯過你生命的重要面向，你的行為能力受到侷限。當你放下雙手，他們依舊沒有消失，但已經不會妨礙你的視線，或是你想實踐的行為也不再被你的快樂想像控制。

因此，當你認為幾乎達到快樂，你注意到了，有如那是事實；你也習慣了，就像發現你的一隻腳受傷，卻照舊過日子，而沒有以此為依據採取行動。你當然可以根據所觀察的採取行動，如果按照你的價值觀或對生命愉悅的期望，做出有意識的決定，將會非常滿足。但若你期望抓牢快樂的感覺，然後嘗試一切可能性，最後只會失望，以及產生失敗感。

請永遠不要忘記，演化不僅給你改善自我的動力，也給你看穿這種機制的能力。本書就是一份邀請函，請你抱持好奇心，看看我們意識到兩種觀點時會發生什麼事。

快樂畢竟存在

或者你雖然把書讀到這一頁，只因為你覺得我的寫作風格清晰，但是並不贊同我說快樂並不存在的觀點，你覺得這個想法怪異，但是並不確定我說的對不對。這種情況下我建議你：請繼續追尋快樂，只要你還沒受夠。

正如我一開始就強調，我無法向你證明快樂無處可尋，也不能百分之百聲稱，在這個世界某處或其他星球上沒有一隻有翅河馬。或者你根本不必繼續尋找，你已經非常快樂；你的快樂程度是十，就算生命呈現艱難的一面。

我有個好朋友不久前成立一個工作小組，主題是「專注以控制壓力」。其中有個參加者認為自己從不曾承受壓力，從未。即使我們大部分的人不是如此，我們也不能否定你的快樂（或是暗示完全沒有壓力的生活聽起來真的很像烏托邦）。請你儘管提升你的快樂，把這本書當作備用，以防你的快樂程度終究改變。如果你不想再深入瞭解，本書提供幾個替代方式以處理失敗的快樂追尋。

不一定要無所事事

我之前曾提及偶爾享受無所事事，但是對大部分的人而言，無所事事根本就不是享受，反而是種折磨。你搖搖頭？請嘗試夠久的時間，你的手指就會癢起來，想拿起你的智慧手機，在公寓裡走來走去，打開冰箱，翻開一本書，或是打開電視。

在維吉尼亞大學的社會心理學家提摩西．威爾森進行的一份測試裡，參與者寧可被電擊一下，而非忍受十五分鐘什麼都不做，只和自己的念頭坐在那裡！你不必這麼極端，讓傷害自己變成選項之一，你不必刻意抗拒你的需求和衝動。但是如果你想挑戰自己，請你運用我們處理不愉快想法和感覺的技巧。

如果你下次無所事事坐著，無法壓抑地想做些什麼以打破無所事事的狀態：請你觀察這種衝動，它會平息，直到最後重新升起。請你試著體驗這種重複性，你不會怎麼樣，除了你有意識地注意到何以如此。這一切有什麼用？能和自己獨處有一定的好處，尤其是自我意識。它也讓人從容，能先覺知自己的衝動，而非立刻「跳起來」，就像你在真的搔頭之前，會注意到自己想搔頭。

請想想你已經受制於多少自發動作！非常有趣，但是千萬不要強迫自己覺得無所事事的經驗多麼神奇，沒有人會這麼覺得，這並不代表你應該立刻放棄。但你也可以放棄，因為你可能比較想積極休養生息，也許你比較喜歡讀書，打電話聊天或慢跑。

我不知道怎麼運用價值

我瞭解！在幾年前，我也對它興致缺缺，我從許多練習辨識出價值，卻對我的生活一點影響都沒有。但是它就和一本不討喜的書一樣，直到幾年後重新把書拿在手上，然後一個晚上就把它讀完。出於本身的經驗，我可以說價值是非常有用的指南。如果你有天早上打算讓自己成為友善、有同理心、有責任感而且能照顧自己的人，就不同於你一早起床先登入臉書，接著發牢騷蹣跚走進浴室而展開的一天。**價值帶來活躍和自決的感覺，你掌握如何行動，不管發生什麼事。**

即使如此你還是不怎麼相信這個理路，對它感到陌生，如果它就像字面一樣對你沒有「價值」，那麼就讓它等一下。有時就是需要時間，才能或才想接受特定觀點。也許你目前有太多其他事務，只要早上能起床就已經很高興了，哪管得著是牢騷滿腹還是要友善待人。請對自己有耐心，不要一頭栽進某事，你可自由選擇時間來瞭解這個主題。也許你覺得這些東西聽起來真的很棒，只不過完全不知道自己的價值是什麼，你覺得自己根本沒有這種東西。

我可以向你保證事實並非如此，原因在於即使這本書或許很有娛樂性，你一定能把時間拿來做更有趣的事，而非讀一本心理學書籍，對吧？但有些特定價值導致你即使如此還是決定讀這本書，而不是去看電影。也許你讀這本書以加強你的個人發展，完全是自我照料的一部分。或者你好奇為何我宣稱沒有快樂，你對這些主題還是保持開放，雖然你至今有不同看法。或者你在讀這本書的時候，一邊想著另一個人，覺得這本書提供的某種動力可能對他有益。自我照料、好奇、開放、同理心……還以為你沒有價值嗎？

我不能觀察自己的想法和感覺

我也很熟悉這種情況。有些特別根深蒂固的想法和感覺，我們似乎和它們融合成一體，就像「念頭硬幣」一樣被快乾膠黏在我們頭上，但是這並不成問題。

我們能否和自己的經歷稍微保持距離，其實並不那麼重要。相反地，我們想要這麼做卻是重要里程碑。只要想到不必回應「天啊，我是個魯蛇！為什麼我在這種情況下什麼都沒說？」這個想法，你就意識到你**不是**這個想法。這個想法變成「客體」，你是「主體」，有所選擇，這樣就很棒。而且你也可以觀察一些想法，譬如：我無法擺脫這個該死的想法！為何我沒那麼從容、獨立和開心生活，就像這個奇怪的心理學家在書裡承諾的那樣？

隨時都可以向後再退一步，當你根本無法回應你的想法的時候請這麼做，並且回歸最簡單的方式：寂靜和聲響。你的腦子製造出聲響，但是你內心依然寂靜，以及擁有不要回應想法和感覺的能力。

這通常並不容易，就像美國神經心理學家里克．韓森所說：「解除痛苦的原因，感覺和一切合而為一，隨著不斷變化的時刻流動，不受愉快或不愉快的擾動，這些都違反演化模式。」

練習察覺觀察的「自我」是終生的事情，這個練習沒有目標，沒有終點，並非你某一天知道：「是了，我現在獲得無可動搖的從容，我現在終於能夠停止觀察我的想法和感覺。」

思想就像腦子的呼吸，你的肺持續呼吸，想法也不斷被製造出來。請你不要隨之起舞，這是唯一的重點。

我不想觀察自己的想法和感覺

我生氣的時候經常有這種想法，我就是不想安撫自己，只想發脾氣，讓別人碰一鼻子灰，以這種方式表達我有多受傷。

你也可能因為哀傷才這樣，某個你很親愛的人死去，你也許想沉浸在悲痛裡。這種損失該是痛苦的，你沒興趣保持距離觀察它，這些都可以理解也沒有問題。之後再「振作」起來，或是以憤怒而言，之後再「克制」，這些選項一直都在。請給予自己時間，並且意識到你決定這一刻讓自己受感覺引導。你也可以再次改變主意。

悲傷及憤怒只是兩個例子，還有更多讓你不想觀察你的想法和感覺的原因。

也許你從一開始就拒絕整套概念，因為聽起來太過深奧。觀察的「自我」在許多靈修和宗教方面畢竟扮演一定的角色，好比冥想一律以持平的視角為基礎。不管你觀察呼吸，還是傾聽響缽的聲音，你內在有些「什麼」在覺知，有些「不同的」被覺知，你一生都是如此，不管你現在要不要，不管那是否深奧，不管你稱這個部分為神、佛、觀察的「自我」還是藍熊船長[4]。

也許直到目前你只是未曾注意過這個事實。我第一次有意識地四處觀望，覺知我身邊的空間，而非空間裡的物體，我忍不住大笑。必須承認我一直「忽視」這個空間，這時它真的變成無法忽略的細節！有它才成就我們完整一生。

因此問題不在於你是否想要一個觀察的「自我」，而是你是否要在其中練習，研究它，認識從中產生的優點，必須由你個人來下這個決定。

開始和停止

有些時期我們會非常深刻地面對我們的生活方式，也有些時期我們幾乎不對

4 德國家喻戶曉的兒童文學和節目角色。

生存產生任何想法。請想像一下：反思生活就像舞台結構一樣，你忙著整理背景，接著到幕前演一會兒，直到你認為有必要換幕為止。兩者都重要，各有各的道理，一齣好的戲劇需要漂亮的背景，也需要有趣的演出。

請不要卻步，偶爾做幾個本書所描述的練習，即使你也許很久沒做。持續不是固定長期，而是不斷重新拾起，其中也包括較短或較長的休息時間。請不要鑽牛角尖，當注意到一段時間以來又走上通往快樂的歧路，請將之視為完全正常，以幽默處之。

沒有目標，不是為了向前，而是為了完全品嘗生命，盡可能注意到內在以及四周發生什麼事情，你根本不會做錯。

10 沒有快樂的果實

收成生命有如成熟的穀穗。——歐里彼得斯（Euripides）

討論完放棄快樂時可能遭遇的阻力和困難之後，你可能產生一種印象，覺得這整件事相當累人又複雜。我不會勸阻你，但是我也想告訴你，何以變換觀點依我看來仍值得一試。

我已經提及這本書乃是以接納與承諾療法為基礎。再者，完美快樂的想像導致迴避經驗，根據研究，經驗迴避發生在許多心理病理過程當中。我們和想法及感覺融合在一起，這也是失去心理彈性的原因之一，意謂著我們不再能如原本想的那樣行動，因為我們迷失在自己的腦子裡，我們被腦子編造的故事所束縛。

因此，接納與承諾療法主要在於學習消融技巧，好鬆開想法和感覺的束縛，解除它們。觀察的「自我」在其中是種重要的輔助工具，但是在這之前的重點是先注意到自己的經歷，我們必須接觸我們內在及外在正發生的事情，接納與承諾療法與之相關。此外我們還為不愉快的想法和感覺創造空間，將之整合到「我們的風景」當中，而非抗拒或逃避它們。這一切是為了什麼？為了創造自由空間，讓我們意識到我們的價值，讓我們能積極作為。

這些就是接納與承諾療法的六個核心原則：消融、觀察的「自我」、接觸、創造空間、價值以及積極行為。你一定覺得這一切很熟悉，我們在這本書中已經依次介紹過所有觀點。現在我要向你透露一件了不起的事：接納與承諾療法的效果已得到證實。但是究竟有什麼效果？當我們離開通往快樂的歧路，會發生什麼事？

研究顯示

我想再次喚醒你的記憶，健康和疾病的狀態接續相連。這是重點，因為接納與承諾療法一方面是個治療形式，在發生心理失調而有臨床症狀時運用。另一方面，接納與承諾療法的理論和技巧普遍對每個人都有意義，它提供觀點轉換，就算是心理「健康」者的生命，也會因此獲益。

從下列研究結果，你會發現接納與承諾療法主要在臨床方面被加以研究。這種療法被檢驗，以確定它能否影響心理失調。因為我們所有的人都處在「健康—疾病—連續」當中，這些研究結果和我們每個人都相關。憂鬱症當然和偶爾心情不好有所區別，即使如此，我們每個人都知道憂鬱的情緒、憂慮狀態或強迫性行為。

所有研究值得注意的是這些介入療法短得難以置信。參與者只獲得幾小時的技巧解說（觀察的「自我」、覺知想法和感覺、練習辨識我們的價值觀等等），這麼簡短的說明就足以產生顯著效果，也就是統計上出現有意義的變化。如果對診斷出的心理失調真有此效用，請想想這些練習能對你的生活發生多大的效果。

接納與承諾療法最常就壓抑、焦慮和成癮方面被加以研究。美國二〇一四年一份研究證實，心理僵化（對自身經歷的自發反應，卻無法加以擺脫並且依循價值行為）和壓抑、焦慮、成癮及進食障礙之間的關連，藉著接納與承諾療法技巧提升心理靈活度能改善這些問題。

特定焦慮也可以藉助接納與承諾療法有效治療。二〇一二年，費城卓克索大學有項研究證實，六星期的每周接納與承諾療法有效改善公開發言焦慮。研究人員發現，尤其是面對自身經歷的能力，以及消融技巧經證實有效。假設你必須立刻在一個會議上發表演說，如果你不知道如何處理焦慮和自我懷疑，你就會陷進去，不敢站在大眾面前。但是如果你拿到一份指示，指導你如何察覺自己的情緒和認知，你知道自己有這個能力帶著它們走上台，你的切身經歷就失去控制你的能耐。

不同研究的許多結果也被加以總結和評估，也就是進行所謂的薈萃分析。二〇一四年有份由荷蘭、美國和沙烏地阿拉伯的科學家所做的薈萃分析，其中總結三十九份研究的結果，這些研究檢驗接納與承諾療法的有效性。他們的結論是接納與承諾療法可被有效應用在焦慮、憂鬱、成癮和身體健康問題上面。焦慮、憂鬱和成癮，這些我們已經從其他研究得知，新提出的是身體健康問題。

尤其針對慢性疼痛，接納與承諾療法提出面對疼痛的方式，使生活品質減少受限。就像我們藉助這種治療方式所學到的，方法就是持平觀察心理現象，處理身體感受的方式也一樣。感受或疼痛並未因此消失，但我們能發現內在的另一個層面，這個層面沒有疼痛，這可能是一大助力。

我個人就把消融技巧用在分娩時的身體疼痛上，以我的身體經驗，至少有可能暫時持平地專注在疼痛上。當然間或和疼痛重新融合，但是因為可以一再「浮起」，於是就比較容易忍受疼痛，就像游泳的人規律地把頭伸出水面。

但是接納與承諾療法還有其他有趣的效果。內華達大學和喬治華盛頓大學於二〇一四年發表的一份研究顯示，接納與承諾療法能提升自我同情心，降低我們的壓力程度，而且只要參加六小時的工作小組！

二〇一一年有另一項研究也得到相似的結果，該研究探索這種治療形式當作社工對抗壓力工具的效果。研究人員發現接納與承諾療法降低壓力，減少過勞症狀，有助於普遍心理健康。

二〇一四年於澳洲發表的一項研究探索價值觀、舒適感受和過勞的相關性，科學家做出的結論是，有助於澄清個人價值觀的練習，激起個人對工作重視感，提升舒適感受，預防過勞。

另一份令人印象深刻的研究更早在二〇〇二年就已發表，探討的是接納與承諾療法對具有積極症狀的心理疾病患者的效果，「積極症狀」是好比幻覺和妄想。只要四回課程，參與者學習接納與承諾療法技巧，就能在後續四個月內減少住院，相較於控制組減少百分之五！

其中有個有趣的觀點，接納與承諾療法參與組雖然表示有多種症狀，但是卻認為這些症狀比較不可信。並非幻覺或妄想消失，剛好相反，仔細觀察之下甚至更常察覺症狀發生，但是患者比較少和這些經歷發生衝突。症狀只是出現，但沒有必要對它有所反應，使自己或他人因此發生危險。

這個結果帶來願景，因為思覺失調症可說無法治癒，而幻覺即使接受良好藥物治療也非總能順利控制。根據這份研究，接納與承諾療法是處理幻覺的可行性，而非試圖擺脫幻覺，如此一來能大幅減少患者承受的壓力。

二〇〇六年有份研究，探討八周接納與承諾療法對強迫行為的效果。參加者在接受治療之後，明顯減少出現強迫行為，表示對焦慮和憂鬱有正面改善，此外研究證實，經驗迴避也減少（參加者願意面對不愉快的想法和感覺），降低強迫性的可信度，進而減少患者對強迫做出反應的壓力。

在克服創傷經歷方面，接納與承諾療法也證實有效。美國二〇〇五年一份研究證實該療法對創傷後心理承受障礙的效果。接納與承諾療法並不用來抗拒受創者的想法或腦中影像，因此減輕症狀。想法和影像可以存在，同時不必然導致侷限自己的生活。

二〇一五年，佛蒙特大學以及佛蒙特米德爾伯里學院研究人員提出一項特別有趣的研究，探索心理彈性和兒童教育之間的關連。雙親「心理靈活」（能面對自己的想法及感覺，並依循價值做出決定）的孩子，傾向於將問題外部化，而非內在化。也就是說，他們和雙親相似，具備和令人壓抑的問題保持距離的能力，而非和問題合而為一，後者對舒適自在感造成明顯損害。

你注意到：接納與承諾療法在許多方面被加以研究，其效果經過良好驗證，沒有其他療法可與之比擬。猶它州立大學甚至有份研究證實該療法對「網路色情影片成癮症」的效果！

我所列舉的檢驗只是研究能提出的一小部分而已。簡短瀏覽你即可知悉，放棄快樂的道路具備經過證實的成果，如果我們從另一個觀點觀察我們的生命，我們就能改變自己。

不幸的喬治

研究結果非常有啟發性又有趣，但是並未對個人、對小成果、停滯和受挫處有任何說明。因此我想為你說說喬治的故事，他的目標在於使生活變得「井然有序」，這是他的用語。

喬治說他的公寓亂七八糟，重要的文件、帳單和收據永遠找不到，他也不敢邀請任何人來家裡玩，朋友們早就說過，他必須整理那一團亂，現在他因為辦不到而感到羞愧。

如果有人在和我談話的時候說，他想變成「這樣或那樣」，我總是立刻問對方：「然後呢？」

結果發現，喬治陷入混亂引發的後續期望和應許當中，好比他渴望找個女朋友，認為只要公寓可見人的時候就會找到。他相信如此一來能讓他比較有吸引力，也比較能擁有自我意識。此外他還希望，只要他能找到重要的文件，把它們好好裝訂起來，許多問題就會因此迎刃而解，好比他能報稅，這樣就能讓他好過些。

我的印象是喬治其實過得很好，他玩樂團，驕傲地送我他自製的音樂光碟，完成心理學學業，有份工作和固定的朋友圈。但是我也注意到，他混亂的樣子讓自己惱火，和公家機關打交道時他就顯得非常不可靠。

喬治的感覺不像他所想要的，他無法達成他對快樂的想像，他想加以改變。

他說完之後，兩件事盤旋在我腦子裡：

喬治走在通往快樂的岐路上。

喬治必須報稅。

這時我可以和喬治乾脆就做一份目標設定表（心理學讓人制定仔細的行動表，理想情況下可達到特定目標），但是我逐漸瞭解，他之後還是會像從前那樣，覺得不完美也不自在。

因此我先對他說，我的情況也差不多，常把文件和單據隨便丟到某個箱子裡，長時間尋找之後，要是能找到正確的書面文件就很快樂，而且心懷感激。接著我和他一起做幾個自我同情的練習。是的，官僚制度要求我們每個人辦到很多事情，實在是累死人了，讓人負荷過度，他覺得受打擊是理所當然的事情。我們許多人都是這樣，只是我們大部分不知道別人的情況，你何曾問到某個人知道他的社會保險證明在哪個檔案夾裡？

我曾讀到，對僧侶來說住在優美和寧靜的環境裡，沒有世俗煩惱，這般從容很簡單，但是只要對他們提出一般人必須面對的要求（關鍵字：報稅），情況就完全改觀。

喬治當然繼續處在他那無望的狀態，我也沒期望會有所不同，但是我的目的也不在於讓他改變想法，而是在他的懷疑和鑽牛角尖之外，讓他對自己多產生一些同理心，就像我在許多（不愉快）事務之外，在他內心風景裡種了一棵樹。

接下來我對他說起可以這麼想，人可以想著自己無可救藥，卻不必理會這個想法。他以這種方式發現他觀察的「自我」，當他無法招架自己的一團亂，他甚至從「逮到」自己當中獲得樂趣。不管我或他都沒有提及他腦子的觀點，未曾說起他可能做得更好，我們只是聊天，一起煩惱和批評。每當喬治重新浮現這類想法，他總會告訴我。

我們也把時間花在他的感覺上，他因為整潔這回事自覺無法和自己談心，也談到他的想像，以為只要能成功解決報稅，一切都會變好，這根本和改變觀點無關，而是讓觀點浮現。

喬治依舊相信，如果他清理公寓就會快樂。我問他，他曾採取什麼行動以擺脫他的不自在。有趣的是，幾年前他甚至曾經成功地把所有文件都分類整理好，只不過他並未因此快樂。緩慢但持續，他的秩序於是又開始走樣。我倆說到此處一時無語。

你明白喬治做了什麼嗎？他尋求快樂失敗以後，投降退回他的混亂之中，好讓自己繼續維持他對快樂的想像！現在他準備好新一回合的「走出混亂進入快樂」，也走上再度失望的最佳道路。

喬治敘述越多他所做過的一切，好擺脫不自在的感覺，他就越無法期望及時報稅能幫助他，喬治內心完成一次觀點轉換。隨著時間，我們越來越少談起整理他的公寓，反而是我問他在這個目標後面設定什麼，這件事何以對他如此重要？換句話說：我們談論他的價值觀，談到負責、自我照料、愛、熱情（以他的情況是對音樂特別熱衷）。

我們發現這些價值在他的生命裡無處不見，他已經承擔許多責任，他有個公寓，付租金（即使他再也找不到租賃契約），購物採買，煮飯，去上班，玩低音吉他，經常和朋友聚會。

是的，喬治還是和以前一樣希望有個女友，但是他的價值觀「愛」現在就能在家族及朋友圈裡實踐，這個想法讓他驚訝。他決定去拜訪他的姊妹，加深手足間的羈絆。

我們還討論過其他和價值相關的目標設定，曾幾何時，喬治說他現在無論如何都必須報稅了。我同意，於是我們制定一個目標計畫，喬治多少有些拖延地進行。

報稅單並未使喬治快樂一些，他還是那個「不快樂的喬治」。區別在於他現在知道，他根本不需要快樂。

11

對自己做出愛的宣言

你在做什麼？沒什麼，我讓生命如雨落在我身上。——拉海爾．凡哈根（Rahel Varnhagen）

假設前面十章讓你欲罷不能，你對無須繼續尋找快樂的點子興致勃勃，想著從現在開始我的生活會好很多！你一旦這麼想，請務必把這本書立刻再讀一次。不再追尋快樂不是通往快樂的捷徑，快樂並不存在。如果你真的瞭解，你會找到無可動搖的從容，無可預測的自我意識，毫無例外能獨立自主，純粹的生命愉悅，以及無懈可擊的真實。但所有這些特質都有個共同基礎：心理穩定。

想像一下，直到目前你一直維持你的正面想法和感覺，因為它們似乎正確又令人愉快，特別接近你對快樂的想像，但是這就好像一直只用一隻腿站立。放棄對快樂的想像，你就能注意到第二條腿。所有這些想法、感覺和情況，你以前認為它們是「錯的」，因為它們不愉快而且乏味，現在以兩條腿，你可以比用一條腿做得更多，你可以去任何地方，嘗試些什麼，靈活，有彈性，而且有穩固的根基，你因此更能成為他人的支柱，不再撐著快樂獨腳搖搖晃晃，不會老是跌倒。

心理穩定意謂著在生命裡以雙腳站穩，沒有其他東西能追上你。因為你不逃避，沒有任何東西能戰勝你；因為你不再戰鬥，你對生命提供的一切保持開放，你讓自己完全被生命充滿。

等一下，這表示我的生命會變得比較好，對吧？也許你可以理性地暫時以「是」回答這個問題，但是感受上這不必然如此，你還是繼續受制於所有人類情感，只因為你不再把追尋快樂當回事，並不會使你比較常出現（甚至只有）正面感受。你可能對經歷比較敞開心胸，因此也感覺到更多的不愉快，這表示你允許它發生，而且能加以處理，多美妙的發現！

想像你正在荒野裡，很清楚如何面對野生動物，你會立刻覺得更安全更強壯，不是嗎？你對生命提出的挑戰可以是這種感覺，你可以。即使如此，面對野生動物並不特別愉快，就像生命的陰暗面不會變得光明些。

因此，最後我想再次呼籲：什麼都不要改變！讓一切保持原樣，包括你對快樂的想像。你會比較清楚意識到它，發現你的行動空間，而非盲目跟隨，但是請不要嘗試抹消它，它是你的一部分，你人性的一部分，請體恤自己，體恤身邊陷入有所不足感覺的人。請看穿我們的生活世界，在這個世界裡只講求與眾不同和變得更好，直到我們呼出最後一口氣，確認我們從不曾抵達我們想去的地方。

請你打破這個模式，從快樂夢想醒來，沒有目標。這是你的生活，也應該就是這樣，你所有的懷疑、傷悲、喜悅、未曾得到答案的問題，你的不自在、希望和滿足感，你正感受和覺知的一切。**放棄快樂是對自己的愛情宣言，是純粹而不帶目的地珍視生命如其原貌。**

附錄

一張愉快活動列表（引自心理學家及心理治療師馬丁・豪慶格）

到綠地去、熟讀一首詩、製作窗戶裝飾、拍照或拍影片、幫某人做個禮物、為了善行而捐款、聊聊運動、去聽音樂會、打羽毛球、計畫郊遊或度假出遊、為自己買些什麼、攀岩或爬山、塗或畫一張圖、讀聖經或其他宗教書籍、玩高爾夫或迷你高爾夫、清理或整理空間、裸身跑來跑去、參加運動會、參加競賽活動（賽馬、賽車、賽船）、閱讀心靈自助或心靈勵志書籍、閱讀小說、劇本或詩、寫首歌或做首曲子，再配上歌詞、開車、駕帆船、摩托船或獨木舟

重新裝飾公寓、為朋友的雙親帶來喜悅、修復古董，整修家具、看電視（例如開始看新的電視影集）、露營、參與政治活動、玩牌、拼圖、解字謎、沒有理由地大笑、讓自己熟悉某種機器，隨便摸一下、參加婚禮等喜慶活動、打保齡球、觀

察動物、完成花園、田地或農莊工作、讀專業書籍、穿新衣服、跳舞、坐在陽光下、騎摩托車、開始新活動，好比參加遠距學程、隨便坐著、思考、去遊樂園玩、聊哲學或宗教

計畫及組織什麼、傾聽大自然的聲響、聽廣播、邀請朋友、參加運動競賽、做禮物、被按摩或幫別人按摩、染髮、拜訪朋友或熟人、觀察天空、雲朵或下雨、在戶外停留、野餐或烤肉、玩籃球或排球、在公車上讓位給年長者、應徵新工作、和朋友或熟人一起吃飯、打網球、搭長程火車、做木工、研究動物、旅行、閒聊、參加合唱團、繞路、自己寫小說、劇本或詩、吃一塊蛋糕、參加派對、說外語、參加會議、參加教會活動、參加公益集會、玩樂器、滑雪、演戲、打個盹、烹煮食物、隨便哼唱、玩撞球、和朋友的孩子／孫子聚會、玩西洋棋或西洋跳棋

去看馬戲團、水族館或動物園、設計點什麼東西、化妝、聽笑話、打賭、聊聊自己的孩子或孫子、找一家餐廳或酒吧、討論伴侶的健康、摔角或拳擊、做射擊運動、塗指甲油、在音樂團體裡玩樂器、健行、打電話、做白日夢、玩地板滾

球、玩雜耍、參觀博物館或展覽、寫日記、去釣魚、借東西、烤個蛋糕、感謝某人、給某人意見、去健身中心、去三溫暖、學習新東西，好比陌生的語言、奉承或讚美某人、想著喜歡的人、和朋友的雙親聚會、騎馬、沉默、擁抱某人、躺在沙灘上

去看電影、親吻、獨處、準備食物、對某人惡作劇、去圖書館、玩足球或手球、觀察鳥類、去逛街、點火然後觀察、修理東西、騎腳踏車、玩團體和桌上遊戲、寫信或卡片、談論政治或公眾事務、觀察行人、對人微笑、在沙裡或草裡玩、談論別人、和朋友的夥伴聚會、照顧室內植物、和朋友一起喝咖啡或茶、收集各種東西（石頭、郵票、紙牌）、去散步、縫紉、對某人說愛他／她、吃點心、熬夜、擔任志工、為某人說話或保護某人、看戲、借東西給別人

旅行、參加旅行團、舉辦派對或愉快的聚會、看／聞一朵花或一株植物、用香水、和某人達成一致看法、沉湎在記憶裡，聊聊從前、敷臉、早起看日出、在安靜的地方停留、躺在浴缸裡、做實驗／科學嘗試、接受建議，獲得建議、祈禱、搭

便車旅行、冥想或做瑜伽、放鬆、看報紙、讓別人笑、玩桌球、游泳、專注聽某人說話、跑步或慢跑、聽音樂、做愛、玩骰子或抓人遊戲、編織、打毛線、刺繡、擁抱、去理髮院或美容沙龍、看雜誌、睡到飽

價值列表（引用路斯．哈里斯，墨爾本接納與承諾療法教練）

冒險　願意獲得嶄新、刺激或超乎尋常的經驗，在其中享受風險。
專注　有意識地覺知正在發生的事情。
接納　無條件接受自己、他人和狀況。
吸引力　集中於讓自己容易攀談，看起來或舉止方式讓自己和他人喜歡。
真實　不為他人偽裝，對自己保持忠實。
自主　對別人沒有或極少依賴心，獨立生活。
堅持　為自己的事情奮戰，克服阻力。
教育　擴充知識，願意隨時學習新知。
感恩　珍視所擁有。

謙卑　珍視自己、他人和世界，收斂己身。
真摯　對其他人說出真相，對自己坦誠。
野心　明確地追隨自己的預定目標，不因挫敗而退縮不敢追求。
健康　鍛鍊自己的身體或精神。
彈性　樂於接受新事物，樂於轉向思考
自由　給自己和他人空間，找出可行的決定，也讓他人得知。
友善　面對自己和他人，顧及禮貌原則。
體貼　察覺自己和他人的需要，並做出反應，走向他人和世界，照顧自己。
耐心　給自己和他人時間，保有平靜。
享受　品嘗經驗，有意識地覺知其中的喜悅。
知足　滿足於所擁有，不企求多於所需。
公平　對自己和他人公平，訂下規則並加以遵守。
平心靜氣　以平衡而不受動搖的態度面對自己、他人和世界。
善　諒解自己和他人，帶著善意行動。
幽默　看到生命輕快的一面，就算面對困難處境也能找出有趣的東西。

親密　彼此深入接觸。
直覺　察覺由內自發的感覺，並加以傾聽。
一致　注意規則及法律，行為以此為依歸。
合作　願意做出妥協，將自己看作整體的一部分。
創造力　從內在創造些什麼，卻不受理智的牽引。
熱情　完全投入一件事或某個人，熱情地奉獻。
愛　毫無條件的傾心。
同情　設身處地，試著瞭解對方所受的苦，顧慮對方。
勇氣　不要被充滿危險的情況或挑戰嚇退，勇敢去做。
好奇　保有對知識的渴望，探索世界。
開放　樂於創造新的經驗。
樂觀　意識到生命的正向觀點，充滿信心展望未來。
尊重　以正確的態度迎向自己、他人和世界。
美　將周圍的世界認知為完美，將眼光朝向本身的美。
自我照料　照顧自己，提供自己所需。

自我控制　行為守紀律，即使出現相反的衝動，依舊保持行動方向。
性愛　珍惜自己和他人的身體。做愛。
安全　行為不冒風險，意識危險，加以注意。
感官性　投入我們五官的覺知裡。
樂趣　從行為獲得喜悅。
靈性　思辯精神、哲學和宗教等課題，信仰。
強度　穩固於自心，以這個態度做出反應。
獨立　保持自己的自主性。
支持　察覺我們自己或其他人需要幫助，然後提供援助，或是尋求援助。
責任　覺知義務和任務，加以達成，承認錯誤，承擔後果。
牽繫　和自己、他人及世界建立聯繫，藉助感官和溝通。
原諒　寬恕自己和他人所犯的錯誤。
信賴　雖然不安，依舊相信生命有其意義，走上自己的生命道路。

其他文獻

如果你還想深入瞭解快樂這個主題，還有如何處理不愉快的想法和感覺、通往快樂的歧路，以及接納與承諾療法與價值觀，我推薦你下列書籍：

蘇・布松：《我，在，現在》。維也納二〇一三
（Busson, Su *Ich. Bin. Jetzt.* Wien 2013）

雷克・韓森及理察・孟迪厄思：《佛的腦子》。佛萊堡二〇一〇
（Hanson, Rick, und Richard Mendius *Das Gehirn eines Buddha.* Freiburg im Breisgau 2010）

路斯・哈里斯：《追逐快樂的人只會錯身而過》。慕尼黑二〇一三
（Harris, Russ *Wer dem Glück hinterherrennt, läuft daran vorbei.* München 2013）

傑克・孔費爾德：《頓悟以後洗衣服削馬鈴薯，精神經驗和改變生活》。慕尼黑二〇一〇
（Kornfield, Jack *Nach der Erleuchtung Wäsche waschen und Kartoffeln schälen.*

Wie spirituelle Erfahrung das Leben verändert. München 2010）

約翰・C・帕金：《去他的！放手—放鬆—快樂》。慕尼黑二〇一〇

（Parkin, John C. *Fuck it! Loslassen – Entspannen – Glücklichsein.* München 2010）

詠給・明就仁波切：《佛與快樂學》。慕尼黑二〇〇七

（Rinpoche, Yongey Mingyur *Buddha und die Wissenschaft vom Glück.* München 2007）

一行禪師：《我種下一個微笑》。慕尼黑二〇〇七

（Thich Nhat Hanh *Ich pflanze ein Lächeln.* München 2007）

如果你喜歡以故事的形態思考價值改變：

查爾斯・狄更斯：《聖誕頌歌》。漢堡二〇〇二

（Dickens, Charles *A Christrnas Carol*. 2002）

謝辭

按照時間順序，我首先感謝我丈夫貝拉，他讓我想到寫這本心理諮商書籍。接下來我要感謝經紀人卡特琳．克若爾，一直成功地將我的想法塑造成形，通過出版世界的考驗，為我開展作者之路。我也很感謝巴斯泰呂貝出版社的瑪萊克．諾矣堪，她對這本書非常熱切，以及和她在柏林美好的聚會，我們的談話帶給我許多寫作的動能。我也想表達對巴斯泰呂貝出版社全體的感謝，謝謝他們出版一本不承諾讀者找到極樂的書籍。

此外我還非常感謝雅斯敏．秀特．卡瓦賀羅，沒有你我也許永遠學不會像此刻這樣思考。基本上心理學的學程只有一個目的，就是為了認識你，因此同時也實現它的意義。

我想特別感謝母親，她帶給我每一篇找得到的有關快樂的文章，難以置信竟然有這麼多，我只說要薩滿脈輪舞而已！我也感謝父親對我宣稱快樂不存在的說法表示懷疑。此外我感謝所有對我敞開心胸，誠懇地對我說起他們追尋快樂時的想法和感覺，讓我知道我並不是唯一一個繞圈子的人。沒有這些見解，我一生都會坐在某個心理治療師旁邊，讓他們幫助我擺脫不愉快的感覺。謝謝，讓我省略這種命運！

我尤其感謝你，親愛的讀者，花費時間、金錢和精力來讀這本書。我的願望是你現在闔上這本書，呼氣，知道沒有什麼是你絕對必須達成。就這樣，我想這就是我要說的一切。

國家圖書館出版品預行編目 (CIP) 資料

不快樂，也沒關係：一位心理醫師的真心告白，為什麼停止追求快樂，對我們反而比較好？/ 維多麗亞・賓德倫 (Victoria Bindrum) 著；不言譯．-- 初版．-- 臺北市：遠流，2019.02
面；　公分
譯自：Das geflügelte Nilpferd
ISBN 978-957-32-8450-5 (平裝)
1. 快樂 2. 生活指導
176.51　　　107023870

不快樂，也沒關係：

一位心理醫師的真心告白，為什麼停止追求快樂，對我們反而比較好？

作者／維多麗亞・賓德倫
譯者／不言
總編輯／盧春旭
執行編輯／黃婉華
行銷企畫／鍾湘晴
封面設計／謝佳穎
內頁排版設計／ Alan Chan

發行人／王榮文
出版發行／遠流出版事業股份有限公司
地址：臺北市南昌路二段 81 號 6 樓
電話：(02) 2392-6899
傳真：(02) 2392-6658
郵撥：0189456-1

著作權顧問／蕭雄淋律師
2019 年 2 月 1 日　初版一刷
定價 新台幣 350 元（如有缺頁或破損，請寄回更換）

ISBN 978-957-32-8450-5

遠流博識網
http://www.ylib.com
E-mail: ylib @ ylib.com